Ⓢ新潮新書

山本博文
YAMAMOTO Hirofumi

格差と序列の日本史

670

新潮社

はじめに

「格差」をめぐっての論議が、近年はとても盛んです。

高度成長期からバブル経済崩壊まで、多少の浮き沈みはありながらも、一貫して右肩上がり基調だった日本経済が、この二十数年間は一転して沈滞傾向を続け、人によっては給料が激減したり、リストラされたりなど想定外のことがあって、貧富の差をはじめとするさまざまな差異が拡大傾向にあるようだ、と多くの人が感じているからでしょう。

しかし、歴史をずっと研究してきた立場から、格差について日本史を振り返ってみれば、現代日本はずいぶんと「平等な社会」を実現していると言えます。

諸外国と比較しても、たとえば欧州の国々の多くは、日本と同じく民主主義が実現され、高度の経済成長を遂げた先進国ですが、そこには私たち日本人にはにわかには理解しがたいほど、色濃く「階級社会」の構造が残っていますし、日本史においても戦前までは似たような社会構造がありました。さらに江戸時代に遡れば、もはや現代日本人には想像しがたい格差が存在していました。

それなのに、なぜ近年になって「格差社会」ということが声高に論議されているのでしょうか。これを考えていく時、「格差」というものを歴史的に考えていく必要があると思わざるをえません。それによって、現在の「格差」がどのような性格のものであるかが理解でき、さらに格差の解消方法なども論議することができるはずです。

格差についての論議の問題点は、そもそも格差という言葉の使い方からして論者によって相当に違い、議論が嚙みあってないことがしばしばあることでしょう。格差という言葉には、本来は「価格や等級の差」といったシンプルな語義しかありませんから、人によって、あるいは場面によっても使うニュアンスが異なるのは無理のないことかもしれません。

しかし、ここのところ話題になっている「格差」について整理すれば、それは多くの場合、地位や待遇が上昇する機会を「与えられる層」と「与えられない層」の「差」を指しているようです。

そうした意味での「格差」の起源をたどっていくと、そこには前提として「序列」というものの存在が欠かせないことがわかります。地位なり待遇なりの順序や上下関係がなければ、そこには格差も生まれないからです。

しかし、格差の存在が問題視される一方で、序列の存在が問題になることはさほどありません。実際には、職場の上下関係のあり方などに不満を持っている人も少なくはないのでしょうが、それでも序列の存在そのものは、現代社会ではおおむね受け入れられているようです。もう少し組織構造をフラットにするべきだという議論こそあれ、会社組織であれば、下から平社員↓主任↓係長↓課長↓……社長↓会長と全社員が序列化されていても、そのこと自体に不満を漏らす声を聞くことはありません。

問題は、やはり序列そのものにはなく、非正規雇用に代表されるように、昇進の機会さえほとんど与えられずに、組織内で低い立場、役割に固定され、それどころか最優先で人員整理の対象となる、そんな層がどんどん増えていることが社会的な批判の焦点となっているということでしょう。

つまり、序列の中のどこかにある種の壁が生まれた時、「格差」というものが意識されるということではないかと思います。

本書では、「格差」と「序列」という言葉をこうした意味で使っていきたいと思いますが、じつは日本史は、この二つをキーワードにすると文字通り手に取るように「つかむ」ことができるのです。

というのは、せっかく小、中、高、あるいは大学でも日本史を習っていながら、ほとんどの人がしっかりと意識しないままでいるのが、「教科書で習う日本史の内容の根幹は、じつのところ国家機構とそれに付随する官僚制度の解説だ」ということなのです。

中学校や高校の授業などでは、なぜ国家機構や官僚制度の仕組みを習うのか、その意味や意義がほとんど説明されないままである上に、制度というものにはどうしても堅苦しさがあるので、教科書や史料集で国家機構の図や官職の表などを見て、かえって何が何だか分からなくなった、と嫌な記憶を持つ方も多いのでしょう。

しかし、現代でさえ国家は我々の社会で大きな役割を果たしている存在で、まして古代から近代にかけては国家の比重はさらに高く、社会や文化などもその時代の国家のありようと密接に関係しているのです。したがって、歴史学習において過去の歴史を理解するためには、その当時の国家のあり方を知る必要があり、その国家を形作っている制度の特質を時代ごとに学び、またその変遷をたどることが非常に重要なのです。

このように、制度の理解がそのまま歴史理解のベースになるので、教科書がそこに相当の紙幅を割いていること自体は合理的なことだと言えます。

ところが、「何を、何のために、如何にして学ぶのか」という意識を欠いたままに、「関白《かんぱく》」だの「執権《しっけん》」だの、あるいは「律令《りつりょう》制」だの「知行国《ちぎょうこく》制」だのといった聞きなれない役職名や制度名をただ暗記することだけを強制されることになれば、歴史嫌いの人が増えてしまうのも無理はありません。

さて、ここまでお話しすれば、歴史上の国家機構や官僚集団も、皆さんになじみのある現代の企業や団体などと本質的には同じ「組織」であり、そこにはやはり「序列」や「格差」がつきものであったことは直感的に気づかれたことでしょう。もとより、本来の順序としては、むしろ国家機構や官僚集団の構造や序列が、現代の会社組織などの元になっていることも理解してもらえるはずです。

そして、歴史上にあらわれる数々の組織の本質、特質をつかむために有効なのが、そこにある「序列」がいかなる目的や論理で制度化され、実際にその制度を運営する中で、どこにいかなる形で「格差」が生まれていったかを理解することなのです。

古代国家以来の朝廷、中世の鎌倉・室町の両幕府、そして近世の江戸幕府など、時代ごとに国家機構やそれを支え運営する官僚たちは姿を変えていきますが、これは単に政権を担う者が交替したというだけでなく、その制度にこそ、まさにその時代固有の論理や観念、つまり「時代性」と呼ぶべきものが隠れているのです。

過去の歴史の「時代性」とは、その時代に生きた人々でないと直感的にはなかなか理解できません。たとえば「切腹」という武士の慣習は、現代の私たちにとっては野蛮で恐ろしい行為です。しかし一方で、それでも多くの日本人が、今でも時代劇の切腹シーンを見る時には、一概に野蛮だとは思わず、その行為の裏にある心性を汲み取って感情移入します。これは、私たちが江戸時代に固有の武士の倫理観を多少なりとも理解し、その行為の背景には高度な精神性がある、とその時代性をつかんでいるからです。

本書で見ていく「格差」や「序列」、あるいは国家機構や官僚機構の制度そのものについても同様に、単純に現代の感覚でこの時代の制度は遅れている、あるいは間違っていると短絡的な目で見ることは避けなければならない、ということは最初に強調しておきたいと思います。制度の正邪や巧拙を問うのではなく、制度の裏にある「時代性」を見ることが大切です。それこそが「歴史をつかむ」ことにつながります。

一見遠回りに思えても、こうした歴史的なものの見方を意識しながら歴史上の序列や格差を見ていけば、現代の格差問題も、もっと深い見方ができるようになるはずです。

そもそも歴史は、あまり最初から細部に拘泥《こうでい》せず、まずは「大きな流れをつかむ」ことが本質を理解するための早道だと私は考えています。そのため、とくに深い歴史知識はなくても、この一冊で日本史の流れを理解してもらえることを第一に考えて本書を執筆しました。

したがって、もとより本書はこの一冊で完結しているのですが、大きな流れをつかんで歴史を理解するという手法は、本書と同じ新潮新書から出した『歴史をつかむ技法』でも説いたところです。つまり、この本は前著のいわば「制度編」としても位置づけられます。そのため、読む順番はどちらが先になっても構いませんが、両書を合わせて読んでいただければ、二つの視点から同じ事象を見ることになり、より歴史が立体的につかめるようになるはずだと考えています。

制度について話をするときには、どうしても特殊な名称の歴史用語や役職名も出てきてしまいますが、本書では無味乾燥な暗記にならないように、なぜそんな言葉が使われたのかについてもできるだけ解説を加えました。また、適宜ルビも振ってありますが、複数の読み方がある用語も多く、時代によって読み方が異なる場合も少なくないということには注意して下さい。

では、日本史を「格差」や「序列」という視点からつかんで行ってみましょう。過去の歴史を現代と短絡に結びつけてはならないということは、あらためて強調しておきますが、それでも意外に現代に結びつく視点が日本史の中には多く潜んでいることにも、きっと気づかれることでしょう。

〔補足〕本書で紹介する国家機構や官僚制度については、基本的に『古事類苑《こじるいえん》』という史料の中の「官位部」に依っています。『古事類苑』とは、古代から江戸時代までのさまざまな「古事」の編纂を明治新政府が企図した全三十部門計千巻に及ぶ大百科事典で、歴史研究における基礎的史料の一つです。

ただし、皆さんには少しとっつきにくい性格の史料なので、本書を読み進む中で国家機構や官僚制度などにさらなる関心や細部への疑問を持たれた場合には、代わりに『官職要解《かんしょくようかい》』（和田英松《わだひでまつ》著）という本をお勧めします。同書も明治時代に書かれたものなのですが、これほど一般の人にも分かるように諸制度を整理して書いてある本は昨今でもなかなかない上に、今でも廉価な文庫版（講談社学術文庫）が容易に手に入りますす。本書においても随所で参考にしています。

格差と序列の日本史●目次

第三章　武家の論理と政治の安定——近世　155

図版製作＝錦明印刷株式会社

序章　時代をあらわす「格差」と「序列」

国家と序列

歴史的な経過から言えば、原始社会の集落内にも指導者は必要であり、そこからゆるやかに序列化は進んでいったはずです。考古学的にも、弥生時代の中期ころの遺跡からは、銅鏡、銅剣といった当時の貴重品を副葬した墓が見つかっているので、このころまでには、すでに他の人々に比して突出した地位をもった人物がいたと言えるでしょう。

ムラのトップにいる人物が、突出した権力を持つようになり、他のムラも統合してクニを作って「王」になると、王とそれに従う「民」の序列も固定化を始め、王の血族がその座を世襲するようになると、王族とその他の民衆の間には絶対的な「格差」があらわれます。

さらにクニ同士が連合してより大きな国家ができると、王の中に大王が生まれます。この国家は、法を布《し》き、徴税を行い、軍備を整えていき、大王のもとで、王の間に序列ができ、王たちは大王のもとで、その国家を運営する「官僚」になっていきます。国家と言えるほどの組織には、かならず官僚的存在が必要になります。そして、国家運営という任務を果たすためには指揮命令系統が必要となり、これにより複雑な序列化や官職による分業がはじまっていき、並行して格差も生まれてきます。

あえて雑駁《ざっぱく》な整理をしましたが、まずは国家と官僚の成り立ちを右のように捉えておいて構わないでしょう。

本書では、「はじめに」でも触れた通り、「人の地位や役職につけられた順序や上下関係」を「序列」、そして「序列の固定化によって出来た、にわかには越えがたい一線」を「格差」と呼びたいと思います。

おそらく序列については、もうとくに説明しなくても理解してもらえると思いますが、何をもって「格差」とするのかについては、いま少し整理が必要かもしれません。現代では正規雇用と非正規雇用の間に、とくに「格差」と言えるものがあると一般に理解されているわけですが、それは正規雇用者の間ではどうでしょうか。

たとえば、ある会社では新卒で正規雇用さえされれば、入社五年目でほぼ全員が自動的に主任に昇進できる慣行があるとします。この場合、新入社員と主任の間には社内的な序列の上下関係はもちろん、給与などの待遇差もあるはずですが、お互いに「格差」は感じていないはずです。それは、平社員から主任への昇進、つまり地位上昇の流動性があるからでしょう。

そうすると、やはり差が固定化したものかどうかが、キーポイントのようです。しかし、固定化とはいいながら、そこには程度があり、完全に固定化したものから、少数の例外を許容するもの、さらにはかなりの流動性を残したものまで、さまざまな段階が考えられます。正規雇用、非正規雇用の格差にしても、非正規から頻繁に正社員への登用がある会社と、そんな例など一つもないという会社では、社員間の格差意識もまったく違うはずです。

一方で、同じ正規雇用でも、出身大学や入社時の成績だけで、採用時から幹部候補とそれ以外に区別し、入社後の昇進に明らかな差があったりすると、やはり格差意識は強まるはずです。現代では、能力や実績によって地位や給与などの待遇に差が出ること自体は、おおよそ了解されています。しかし、そこに固定化した明確な区別があると、それは格差となり、ときには差別的とも言える状態になっていくのでしょう。

格差という壁

さて、こうした格差の例を歴史の中に求めるとすると、たとえば江戸時代であれば、大名である殿様とその家臣の間には、けっして超えることのできない差があったことは皆さんもご存じの通りです。

大名家の中で、トップである殿様（藩主）に次いで政治的権力を持つのは家老たちで、中でも序列の上で家臣の最上位に立つ筆頭家老ということになりますが、どれだけ実力のある筆頭家老でも、本人やその子弟が殿様に代わって藩主の座に就くことはまずありえません。両者の間にあるのは、鉄の壁のような絶対的な格差です。

ところが、これが戦国時代であれば、大名にとって家老などの重臣は、いわば同盟者とも言える、ほぼ同格の存在であることも少なくありませんでした。そうであればこそ、家老が主君にとって代わって殿様になる、という「下剋上《げこくじょう》」の例も珍しくはなかったわけです。

また、江戸時代においては、家臣の中で最高位の家老になることも、多くの場合は家老になるべき者を出せる家筋《いえすじ》が最初から決まっていて、いくら優秀で大きな功績を上げても、下級の家の出身者は家老にはなれません。しかし、殿様になることに比べれば、こちらは絶対にありえないというほどではなく、もとの身分は低い者でも、殿様の側近から抜擢されるとか、世継ぎを生んだ側室の親族が昇進する、などという例もままあります。藩ごとの事情にもよりますが、とくに慣行の定まっていない江戸時代初期には、殿様のご意向次第という面もあったのです。鉄の壁に対して厚い木の壁くらいの感覚でしょうか。

他方、身分の壁が大きく崩れたと思われている戦国時代でも、武士の家に格差がなかったわけではありません。織田信長や徳川家康など、戦国時代に大きく勢力を伸ばしたいわゆる戦国大名たちも、その勢力を一代で築けたわけではなく、じつはすでに何代も尾張や三河で、それなりに勢力を張ってきた家の嫡男に生まれているのです。

もっとも、農民層の出身であるにもかかわらず、織田家の重臣となり、やがては天下統一を果たした豊臣秀吉の出世は別格だとしても、戦場における武功によって身分の低い下級武士からその家の重臣となった者は少なからずいますから、その格差は土壁くらいのものだったと言えるのかもしれません。

こうした格差の強弱についても、本書では関心を持っていきたいと思いますが、つまり一口に格差と言っても、それを生みだす因子はさまざまで、その程度にも幅がかなりあるということに注意してください。

福沢諭吉が捉えた侍の社会

さて、古代から近世にかけて、格差を生み、あるいは育てた最大の因子は「血筋」であったと言ってよいでしょう。そして、血筋によって一家、一族、一門と血縁が広がって出来上がるのが門閥ですが、これを憎んで「門閥制度は親の敵《かたき》」とまで自伝に書き記しているのは、あの福沢諭吉です。

福沢の父親は、豊前中津《ぶぜんなかつ》藩の下級藩士でしたが、国元《くにもと》ではなく大坂の蔵屋敷に勤めていました。大坂の蔵屋敷とは、年貢米や特産物の売買、資金調達などを行うために置かれているもので、つまり福沢の父親はいわば実務官僚だったのです。しかし、役目柄から算勘の能力があったのはもちろん、漢学などにも深い素養があったのにもかかわらず、とくに昇進することもなく、福沢が生まれて約半年後に病気で亡くなりました。

父親の死によって、当時日本最大の商業地だった大坂から、それに比べれば遥かに田舎の豊前中津（現在の大分県中津市）へ一家で引き移った福沢家は、何かと不遇だったようです。それだけに、自らも武士であったのにもかかわらず、武士の身分を醒めた目で見ることのできた福沢は、日本がまだ文明開化の最中にあった一八七七（明治十）年に、侍の社会の序列や格差の形相を『旧藩情《きゅうはんじょう》』（『福澤諭吉全集　第7巻』岩波書店などに所収）という小論にまとめています。

これは、武家社会と縁のなかった当時の庶民や若者にも分かるような書き方になっているので、現代の私たちにとっても、江戸時代の武士の格差を実感的に知ることのできる絶好の史料です。少し同書に沿って格差と序列について見ていきましょう。

中津藩は、譜代大名の奥平氏が代々治めていました。石高は十万石。福沢によれば、「藩士の数、上大臣《かみたいしん》より下帯刀《しもたいとう》の者と唱《とな》えるものに至るまで、凡《およ》そ千五百名」という規模です。「大臣」というのは「大身」の転で領地や禄の大きい者、ようするに家老クラスの重臣層のことです。また「帯刀」というのはご存じの方も多いと思いますが、とくに由緒や功績のある庶民に対し、名誉として武士の身分を形式的に与えたものです。

さて、この千五百名の藩士たちは、「身分役名を精細に分《わか》てば百余級の多き」という見事な序列社会にあったのですが、大別すれば、上等士族（上士《じょうし》）と下等士族（下士《かし》）

の二つに分かれると福沢は言います。急にさっぱりとした話になってしまいますが、それには見事な説明が加えられます。

「大臣と小姓組《こしょうぐみ》との身分は大《おおい》に異なるが如《ごと》くなれども、小姓組が立身して用人《ようにん》と為《な》りし例は珍らしからず、大臣の二、三男が家を分《わか》てば必ず小姓組たるの法なれば（中略）同一種の士族と言わざるを得ず」

小姓組とは、戦時には藩主の親衛隊となる者たちのことで、一軍を率いる家老クラスの武士とはかなりの差がありますが、騎馬に乗って戦う歴とした侍の身分です。また、用人とは家老の元で藩政実務の万事を取り仕切る役目です。つまり、世襲的に地位が継承される家老への昇進はともかくとしても、用人までは昇進の流動性が十分にあり、家老の息子でも小姓組に配属されるのですから、上士たちには一種の連帯感があって、お互いにさほど格差を感じる間柄にはなかったと言うのです。

また下士の方にも、ある意味で同様の構造がありました。

「足軽が小《こ》役人《やくにん》に立身して、又中小姓《ちゅうごしょう》と為るは甚《はなは》だ易《やす》し。加之《しかのみならず》百姓が中間《ちゅうげん》と為り、中間が小頭《こがしら》と為り、小頭の子が小役人と為れば、乃《すなわ》ち下等士族中に恥かしからぬ地位を占《し》む可《べ》し」

中小姓というのは馴染みがないかもしれませんが、騎馬には乗れない身分の武士ながら、足軽などの戦時には雑兵とされる者たちとは違い、きちんと侍として認められる存在です。

つまり、右の文章にあるのは、下士であっても下士の世界の中であれば、きちんと昇進の機会があったということです。もちろん当時のことですから一足とびの出世は難しく、親子数代をかけることにはなりますが、農民からの出世もありえたのです。

ところが、これが上士と下士の間となると次のような状態です。

「稀《まれ》に祐筆《ゆうひつ》などより立身して小姓組に入《いり》たる例もなきに非ざれども、治世二百五十年の間、三、五名に過ぎず」

それぞれのクラス内での出世に比べ、とてつもなく厚い壁で、まさに格差です。

こんなに格差のある上士と下士の間柄はと言えば、年齢の差などは関係なく、上士は下士に向かって「貴様《きさま》」と呼び「来《き》やれ」と言い、下士は上士を「あなた」と呼び「御《お》いでなさい」と、言葉遣いだけでも相当な差があったそうです。

武士の社会の建前では、上士も下士も同じ主君に仕える並立の立場ですから、役目によって部下にはなっても家来ではないのですが、現実には身分の差が大きい場合、下の者は上の者に対して「直《じか》に其《その》名を言ふを許さず一様に旦那様と呼《よび》て」「其《その》交際は正《まさ》しく主僕《しゅぼく》の間の如し」と、上士を名前で呼ぶことすら許されず、家来同然の扱いだったと福沢は記しています。

歴史の中の安定と混乱

さて、「血筋」について話を戻せば、福沢が描いた上士と下士の格差をもたらしたものこそ、まさに血筋であり門閥制度であったわけです。そして、それは血筋を継承するのにある意味で根本となる婚姻においても徹底されていたようです。

「縁《えん》に縁を重ねて、二、三百年以来今日に至ては、士族は唯《ただ》同藩の好《よしみ》あるのみならず現に骨肉の親族にして、其好情の篤《あつ》きは固《もと》より論を俟《ま》たず」

藩士のほとんどが城下に集住する江戸時代の武士の狭い社会の中で、中津藩の武士たちはお互いに何重もの血縁で結ばれていたということなのですが、これが上士と下士の間となると、

「試《こころみ》に士族の系図を開きて之《これ》を見れば、古来上下の両等が父祖を共にしたる者なし、祖先の口碑《こうひ》を共にしたる者なし。恰《あたか》も一藩中に人種の異なる者と言ふも可《か》なり」

という有様だったのです。

つまり、単に序列が固定化されていただけでなく、その序列を生む血筋も固定するように、上士と下士の分離は徹底していたということです。

血筋による格差という点で言えば、ご存じのようにそれはすでに古代の日本にもありました。天皇を頂点に、血筋などをもとに有力豪族、中小豪族、地方豪族などを序列化した上で、いわゆる庶民層とは画然とした差を設けて、これを特権化していきました。そして、基本的に血筋をもとにした序列がさまざまに変質しながらも幕末まで続き、やっと明治になって福沢のような批判的な見方をすることも可能になった、ということができます。

ただし、そうした血筋に対する感覚も、細かく見ていけば一様ではなく、時代によって当然のように異なってきます。つまり時代性があるわけです。

まず、大まかに言って血筋による格差は、同じ体制、制度の下で世代を重ねるごとに強まる傾向があると捉えてよいでしょう。これは、直感的にも理解してもらえるかもしれませんが、人間社会は慣習化したものにはなかなか抗えず、その慣習化の期間が長くなればなるほどさらに重みを増すものです。これは、同じ体制が長く続いている社会や組織に、序列制度以外でも固定化した慣習や制度が多いことでも明らかです。

慣習がすべて悪とは限らないことは言うまでもありませんが、誤解をおそれずに言えば、良くも悪くも社会や国家は「安定」によって序列を固定化させ、格差を生み出しがちです。

逆に、「混乱」が良くも悪くも序列を崩し、格差を解消することが多いことも確かです。これは、社会秩序の変質が序列や格差にも表れるということで、つまり時代の「画期《かっき》」をもたらすものでもあるということです。

ありていに言えば、それまでの国家制度に限界が来たとき、同時に従来の序列や格差も変化せざるを得なくなり、そうしたものが解消されたり、また別の序列や格差があらたに生まれたりするのです。

古代国家から中世国家への流れ

これを日本史の流れに沿って、まずは一度、早足で見ていきましょう。

古代に誕生した天皇を頂点とする国家体制は、その後、遣隋使や遣唐使によってもたらされた中国の制度を参考にしつつ、官僚機構を整えていき、中央から地方への統制を強め、支配領域を広げ、国家を安定させていきます。内部的には有力豪族などがお互いに闘争を繰り返しても、国家の枠組みが崩壊することはなく、豪族たちは貴族として血筋を重ね、また豪族たちも主に血筋によって序列化され、豪族の間にも格差が出来ていきます。

こうした流れが、飛鳥時代から摂関政治の行われた平安時代中期ごろまで続いて、藤原家などの門閥貴族を中心にした官僚制度が固定化していきます。

そして、その体制はいわゆる摂関期に一つの頂点を迎え、王朝文化なども花開いて国家としての繁栄を見せますが、このころから同時に、地方も中央の支配に対して実力を蓄えるようになり、中央からの統制の緩みが露呈していきます。とくに、従来の国家機構が十分に機能しなくなり、地方から中央への収税制度などが限界を見せはじめると、門閥貴族などが私的にその手足として武士の力を恃《たの》むようになり、国家機構の穴を埋めるようになります。そして、院政がはじまると国家とほぼ等価の権威権力を持つはずの天皇家までが特権貴族の家の一つのようになり、武力で院政を支える平氏や源氏の武士たちが台頭します。

公的な軍事力が機能せず、私的な軍事力に頼るようでは、政権中央が統制力を失っていくのは自然の成り行きと言えるかもしれませんが、実力を発揮し始めた武士たちの旧秩序内での序列上昇がここで始まります。それまでの武士は、武家の棟梁《とうりょう》と呼ばれる武士たちのトップ層でさえ、せいぜい下級貴族にすぎなかったものが、院政期には中級あるいは上級貴族の仲間入りをするような序列の変動、ある種の格差の解消が始まります。

この時期こそ、日本の歴史が古代から中世へ移行する時代の画期とされるわけですが、時代の変動が序列や格差の変質とも密接に連動していることがわかると思います。

こうした流れはさらに加速し、平清盛に代表される平氏は、軍事力を背景にして当時の国家体制である院政の頂点にあった後白河法皇さえ凌駕する権力を手にします。そして、その平氏の政権をさらに源頼朝を中心とする関東の武士たちが倒すと、ついに公家による朝廷とは別の国家機構である鎌倉幕府が誕生し、武士による政治が始まるのです。

ただし、序列や格差という点で日本の歴史が単純でないのは、武家が実力では旧体制の朝廷を越えながら、それまでの朝廷による政治も尊重され、それは制度上も残ったということです。長い年月を重ねた制度や慣習が、一朝一夕に雲散霧消することがなかったのは、これも時代性と言えます。実質はともかく、鎌倉幕府の御家人たちは、院政期の平家とは違い、公家に対して儀礼上の序列では下位にとどまりましたし、荘園領主としての院や摂関家などの特権も、その規模は縮小しつつも温存されたのです。

鎌倉幕府は、清和《せいわ》天皇の血筋を引く源頼朝を頂点とすることを権威的な拠り所として成立した政権です。そのため、権威の源泉である朝廷を滅ぼすことも考えられなかったわけですが、その頼朝の血筋は早くも三代で途絶えます。そして、実質的に鎌倉幕府を主導していたのは源頼朝の妻であった北条政子の実家である北条氏です。

しかし、北条氏は鎌倉将軍の家臣の第一人者である執権の地位には就いても、将軍に取って代わろうとはしません。ここでは詳しく論じませんが、簡単に言えばこれも時代性で、高貴な血筋からはほど遠い北条氏が将軍になるなどということは、当時の慣習や常識ではあまりにもありえないことだったのです。北条氏を中心とする鎌倉の御家人たちは、京都から高貴な血筋である摂関家や親王家から将軍を代々迎え、実質的な政治は自分たち武士が行う、という体制をとります。それが当時は理にかなったことだったのです。

戦国の特異性と近世国家の安定

しかし、政治の内実を北条氏が独占的に差配することが何代も続くと、本来は同格であるはずの、北条氏とそれ以外の御家人の間に格差が生まれていくことになり、不満が鬱積していきます。そして、後醍醐《ごだいご》天皇による反鎌倉幕府の動きをきっかけに、それに火が付いて有力な御家人など多くの武士が鎌倉幕府から離反して、北条氏は滅び、政治の実権は一時的に朝廷へ戻ります。

こうして始まったのが後醍醐天皇を中心とした政治体制でしたが、しかし百四十年あまりの鎌倉時代の間に、もはや公家が武士たちの意向を無視して政治を行うのは不可能な時代となっており、新政は三年足らずで終わり、足利尊氏を中心とする室町幕府が開かれ、再び武家による政権が始まります。

しかし、足利幕府の政治は、基本的な構造はじつは鎌倉幕府とさほどかわるものではありませんでした。違いは地方を治める守護の力の伸張で、足利幕府自体が有力守護の連合政権的な性格から出発していて、中央の統制力がもともと弱く、鎌倉時代以上に土地に根差した武力、経済力を蓄えた層もますます成長しています。そして、その在地の武士たちは、各国の守護でも統制しきれないようになりつつあったのです。

そこへ、有力守護家の内紛に将軍の跡目争いが結びつき、有力な守護たちが東軍と西軍に分かれ、京市中を主戦場にした応仁の乱が起こります。しかも、首都を中心にしたこの内乱は十年も続き、これをきっかけに地方にはもはや中央の統制がほとんど及ばなくなり、守護たちは任国へ帰り、さらに在地の武士たちは公然と守護にも楯突くようになり、各地で従来の秩序、序列や格差が通用しなくなっていきます。

この応仁の乱以降を戦国時代と呼ぶのが通例ですが、武力、実力で多くのことが決まる時代が百年以上も続くことになります。

しかし、日本史において戦国時代のような無秩序な状況は、かなり特別だということができます。私の学生時代の指導教官でもあった近世思想史家の尾藤正英《びとうまさひで》先生は、日本史において村落の周りに濠《ほり》や柵《さく》を巡らしたのは、弥生時代と戦国時代だけだとする考古学者の佐原眞《さはらまこと》さんの説を敷衍《ふえん》した上で、そんな混乱した時代を終わらせた要因は、古代のヤマト王権や近世の徳川幕府といったあらたな秩序をもたらす統一国家の形成により平和が保障されたことにあったとし、近世日本を日本史の上で古代国家と並ぶ、第二の統一国家が築かれた時代であると意義付ける論を展開されました（『江戸時代とはなにか』岩波現代文庫）。

日本史においては、政権が代わっても前政権を担った階層や制度の一部が温存され、すべてが否定されないのがむしろ通例で、特徴だともいえます。弥生時代と戦国時代を除いて村落の周りに堀や柵がなかったというのは、有力者同士が覇権を争うことはあっても、村落そのものが攻撃対象となるような、いわば「万人が万人と戦う」ということが基本的になかったのが日本の社会とその歴史だったということです。

そうした意味で、戦国時代は特異な時代だと言えるのですが、しかしそんな無秩序な時代にあっても、朝廷と幕府は存続しました。

さて、戦国時代が織田信長によってほぼ終焉し、豊臣秀吉の天下統一を経て徳川幕府が成立した大まかな流れは皆さんもご承知だと思いますが、秀吉以前と以後で何が違うのかと言えば、この時期にそれまでの土地制度の基本であった荘園制が完全に崩壊して、武士による中央集権が実現したことです。

また、格差ということで言えば、秀吉の時代に、兵農分離の象徴とも言える刀狩が行われて武士の身分が確定し、土地についても、いわゆる太閤検地によって中央政権による支配が明確になったことに重みがあります。

このため、多少の異論はありますが、信長・秀吉が政治を行った時期が、中世と次の近世を分かつと考えられています。

武士の世の終わりと格差解消

戦国時代には、戦国武将に代表されるように、身分の低い者でも、あるいは血筋が高貴でなくとも、また武士以外でも、農村部の農民や都市部の商工業者など、各層各分野で大いに地位を上昇させた者が少なからずいました。

しかし、徳川家康によって江戸幕府が開かれ、政治が安定していくと、それにしたがって、また新たな序列が固定化していき、格差が形成されていきます。とくに支配者階級となった武士の格差はかなり固定化していきます。

江戸時代は、すべての権力が将軍に集中した中央集権的なもので、朝廷や寺社に認められる特権も、もはや自力で獲得、維持できるものではなく、将軍が承認、庇護してこそのものでした。しかし一方で、基本的に徳川の政治は分権的なものでもあり、とくに各大名家の領地支配はそれぞれに任すという統治スタイルを取ります。また武士の社会は武士が、商業地である町のことは町人が、農村のことは農民が、というように、それぞれの身分や階層で自治が行われる体制でした。

もちろん、これも将軍の権力の中にあって認められていることで、その領分を越えると厳しい処罰が待っていましたが、しかしこのような分権的な体制のため、徳川幕府の政治機構そのものはかなりシンプルでした。

そのシンプルさのゆえか、政権の継続と言う意味では、二百六十年余りの泰平が続いたわけですが、その長い安定期は、反面では幕末期に生まれ育った福沢諭吉が、親の敵と憎むほどの、厳しい格差も作り上げたのです。

徳川幕府による政治が終焉を迎えたのは、ご存じの通り、巨大な軍事力を持った欧米諸国から開国を迫られたことがきっかけでした。

日本の外交や交易は、古代から中世前期までは、ほぼ中国と朝鮮、あるいは琉球と蝦夷地などを対象にしたものに限られていました。中世後期から交易範囲が東南アジアにまで広がり、ほぼ時を同じくして東南アジアに進出してきた欧州のポルトガル、スペイン、オランダ、イギリスなどとの交易も始まりました。しかし、江戸幕府の初期に、欧州の交易相手はオランダに限り、そのオランダが東南アジアの制海権を握っていたことで、外交関係も安定的に推移していたのです。

ところが、十八世紀後半に西欧で産業革命が起こり国力の増進が始まると、あらためて各国がアジアまで勢力を伸ばすようになり、十九世紀に入ると日本もこれまでとは違った国際関係に直面せざるを得なくなっていきます。

幕末の歴史は、国内事情と国際事情が複雑に入り組むので、この辺りの話を細かくすると本書の趣旨から逸れていってしまいますが、大きく見て、日本が新たな国際関係に直面したことで、それまでの幕府の制度が限界を呈し、そのために幕末の混乱と明治維新が始まったという側面があったとは言えるでしょう。

格差が解消されるのは、不幸なことにそれまでの秩序を壊す戦乱や混乱がきっかけであることが多いのですが、その中で幕末から明治維新にいたる過程では、さほど長期の内乱にはならずに済みました。

しかし、それにもかかわらず、維新後まもなくして四民平等が定められ、十年ほどの短い期間に多くの格差が解消されました。華族という貴族階級が生まれ、公家や上級武士の一部の特権が温存されたとはいえ、ほとんどの武士は、家禄という収入や、帯刀に代表される社会的地位など、その特権をなくしていきます。

これは、国際社会に参加せざるを得なくなった日本が、それに対抗して国力を蓄えるためには、さまざまな格差がもはや障害でしかなくなった、というのが主な理由であったことは間違いないでしょう。

時代区分としても、この明治維新を日本の近世と近代の画期とすることに、異論はほとんどありません。

さて、明治維新から現代に至る流れはここでは割愛しますが、いよいよ次章からは、右の流れを念頭に置いた上で、あらためて古代、中世、近世、近代と時代ごとに、国家や官僚の制度がどんな形を取り、そこにどんな序列や格差があったのか、これをその時代性とともに見ていきたいと思います。

ここまでの話で、日本の歴史における格差と序列について、少しでもイメージできるようになっていたら幸いですが、歴史においては意外なほどに格差や序列がその変動と関わっていることが、次章からはさらに実感してもらえるはずです。

第一章　部族的社会から官僚制へ——古代

1　大王家と豪族

日本における国家制度、官僚制度の起源を見出すには、まず「国家」そのものの成り立ちを見ていく必要があります。国家なくしては、その統治制度はもちろん、官僚も生まれません。

では、日本列島において国家は、いつ、いかにして成立し、官僚はどのようにして誕生し、その国家と官僚はどのような序列を用いて、どのような格差が生じていったのでしょうか。

卑弥呼の国の格差

日本列島において、「国家」と言えるほどのものがはっきりと歴史上に姿を現すのは、弥生時代晩期の紀元三世紀ごろ。中国の歴史書『三国志』に記された「倭人《わじん》」についての一節、いわゆる「魏志倭人伝《ぎしわじんでん》」に描かれた卑弥呼を女王とする「邪馬台国《やまたいこく》」が最初です。「魏志倭人伝」の記述からは、「其の法を犯すとき……」とすでに法が用いられ刑罰が行われていたこと、「租賦《そふ》を収《おさ》む」と租税制度が実施されていたこと、傘下の国々を巡検する役職や交易を監督する役職があるなど、国政を行う制度や組織のあったことがうかがえます。

そして、「尊卑《そんぴ》、各差序《おのおのさじょ》有りて」と、身分の序列、格差があったことも記されています。指導者層と平民を指すと思われる「大人《たいじん》と下戸《げこ》」、あるいは奴隷的な存在と思われる「生口《せいこう》」という身分がありました。下戸は、大人と道で行き合うときには、「逡巡《しゅんじゅん》して草に入《い》る」と、大人のために下戸は後ずさりしながら草むらに身を避けるほどの身分差があったのです。また、当時の男性はすべて「鯨面文身《げいめんぶんしん》」、つまり入れ墨を顔や体にしていたのですが、その入れ墨についても「尊卑に差有り」とあり、見た目にも上下関係があったことがわかります。やはり、国家制度と序列、格差は往古から不可分だったようです。

しかし、この邪馬台国と、三世紀半ばに畿内に成立した「ヤマト王権」、あるいは「ヤマト政権」などと歴史学で呼ばれる勢力との関係は、いまだに謎とされています。これは邪馬台国が北九州にあったのか、畿内にあったのかについての、いわゆる邪馬台国論争とも関係してきます。しかし、日本にはこの時代について記した文献史料がなく、また中国の史書にも関連する記述がないため、「空白の四世紀」などと呼ばれているのです。

もっとも、ヤマト王権を作り上げたのが邪馬台国を直接継承した勢力なのか、それとは別に畿内で生まれた勢力なのかどうかはともかくとしても、畿内に三世紀中頃から巨大な前方後円墳が数多く築かれるようになるのは考古学による発掘調査から明らかなので、この頃から自らのために大きな墳墓を築けるほどの強大な勢力を持った「王」を中心とした国家が畿内にあったことは確かです。そこで、弥生時代と区別して、以降を歴史学では「古墳時代」と呼んでいます。

大王の血筋

日本についての記述が、再び中国の史書に見られるのは五世紀に入ってからです。中国の正史『宋書』の中の「夷蛮伝倭国条《いばんでんわこくのじょう》」には、倭人の国の王が、四二一年から五〇二年にかけて、五代にわたって中国へ使節を送った記述が見えます。この頃の中国は、南北朝時代を迎えていますが、倭国から使節が送られていたのは現在の南京に首都を置いていた南朝の宋です。

五代にわたる倭国の王とは、「倭《わ》の五王《ごおう》」として知られる賛《さん》・珍《ちん》・斉《せい》・興《こう》・武《ぶ》で、その政権こそが「ヤマト王権」なのですが、彼ら自身は国号を「大倭《たいわ》」と称していたようです。また、奈良時代になってから諡《おく》られた号、つまり「諡号《しごう》」による天皇名で言えば、五王とは応神《おうじん》、仁徳《にんとく》・履中《りちゅう》・反正《はんぜい》・允恭《いんぎょう》・安康《あんこう》・雄略《ゆうりゃく》までの七天皇のうちのいずれかであると見られています。私たちは、通常は煩雑にならないように、この時代の王でも天皇号で呼びますが、当時は「大王《おおきみ》」と呼ばれていました。

そして、五王の中でも最後の「武」にあたる大王は、「大初瀬若武《おおはつせわかたける》」と称されていた雄略天皇であったことがすでに定説になっています。これは、埼玉県行田市の稲荷山《いなりやま》古墳と熊本県和水町の江田船山《えたふなやま》古墳のそれぞれから出土した鉄剣によって明らかになりました。双方の鉄剣に、「獲加多支鹵《わかたける》大王」の名が刻まれた銘文があり、その地方の豪族が雄略天皇に仕えていたことが記されていたからです。これにより雄略天皇の時代（五世紀末）までには、ヤマト王権が関東から九州に至るまでの地域を支配していたことがわかるのです。

その後、ヤマト王権の大王は、清寧《せいねい》・顕宗《けんそう》・仁賢《にんけん》・武烈《ぶれつ》と続きますが、武烈の時に直系の血筋による継承者が途絶えます。

そこで、ヤマト王権の重臣である大伴金村《おおとものかなむら》と物部麁鹿火《もののべのあらかひ》が相談して、応神天皇の「五世孫」である男大迹王《おおどおう》を「越の三国《こしのみくに》」、現在の福井県三国町から迎えたと『日本書紀』にあります。これが継体天皇《けいたいてんのう》です。

『日本書紀』が編纂されたのも、「継体」という諡号がつけられたのも奈良時代になってからですが、「継体」という諡号からは、少なくとも奈良時代の人々が、武烈天皇で王朝の血統がある種の断絶をして、それを継承したのが継体であると感じていたのだと考えてよいでしょう。ただし、継体は仁賢天皇の娘、手白香皇女《たしらかのひめみこ》を娶っており、その間に生まれた皇子が後に欽明天皇《きんめいてんのう》として即位して皇統を繫いでいますから、大王家の血筋は女系で伝えられたということもできます。

むしろ、こうした経緯から分かる重要なポイントは、継体天皇が即位する六世紀初めまでに、大王家はその直系が絶えたとしても他の豪族ではけっして取って代わることができない、傍流から継承者を迎えてでも継続しなくてはならない血筋の権威をすでに樹立していたということです。

つまり、大王家と豪族の連合として発生したと考えられているヤマト王権も、大王位の継承を重ねて行くうちに、もはや大王家は豪族中の首席ではなく、五代孫という遠い血筋であっても尊重される、他の豪族とはもはや同列にできない別格の存在となっていたのです。

「職」は氏族で担う

さて、大王の権威が確立していく中で、ヤマト王権では豪族たちを血縁などで構成される「氏《うじ》」という組織に編成し、それを単位にしてそれぞれの職務を行わせたとされています。また、大王はその氏族ごとに次のような「姓《かばね》」を与えます。

臣《おみ》――大王家から分かれたとされる有力氏族の姓
連《むらじ》――大王家とは祖先を異にする有力氏族の姓

君《きみ》――大王家から分かれた小氏族や地方の有力豪族の姓
直《あたい》――国　造《くにのみやつこ》をつとめる地方豪族の姓

「国造」とは、ヤマト王権における地方官と位置づけられる存在で、王権が支配地を広げる過程で、大王に臣従してきた地方豪族たちと考えてよいでしょう。

また、「臣」の氏族では葛城《かつらぎ》氏、平群《へぐり》氏、蘇我《そが》氏、「連」の氏族では大伴氏、物部氏など、とくに有力な氏の長＝「氏上《うじのかみ》」は、「大臣《おおおみ》」「大連《おおむらじ》」に任じられて、政治や軍事の指導を担当しました。前出の大伴金村や物部麁鹿火も大連です。そして、政権の中枢にいる大臣や大連の下には、「伴　造《とものみやつこ》」という役割を務める豪族もあって、「伴《とも》」や「品部《しなべ》」という、朝廷に直接奉仕してその雑事にたずさわる人々の集団を率いました。伴や品部の民は、それぞれが特定の職能に特化されて、祭祀、記録、財政、あるいは馬の飼育や武具の生産などの役目を担ったのです。

ヤマト政権の政治組織は、このように氏族ごとに職務を分担させるものです。そこには、すでに有力豪族が継続して高位につく格差や、豪族間の序列意識も芽生えていますが、まだ「官僚制」と言うほどの仕組みは出来上がっていません。

冠位十二階の狙い

それでは、官僚制がおぼろげながらでも姿を見せるのは、いつからでしょうか。

それは、聖徳太子が「冠位十二階《かんいじゅうにかい》」（六〇三年）と「憲法十七条《けんぽうじゅうしちじょう》」（六〇四年）を制定した時だと言うことができます。

聖徳太子とは、後代の人が名づけた一種の尊称で、当時は厩戸王《うまやと》と呼ばれていました。厩戸王は、大王であった用明《ようめい》天皇の子で、叔母の推古《すいこ》天皇のもとで後の摂政にあたる役割を務め、政治を主導しました。都が現在の奈良県飛鳥《あすか》地方にあったため、この時期を「飛鳥時代」と呼びますが、この頃からの事績は、『日本書紀』（七二〇年完成）だけでなく、中国の正史『隋書』（六五六年完成）などにも同様の記述が多くあるので、七世紀以降の歴史は史料的にも裏付けがあり、それ以前に比べればかなりはっきりしてきます。

冠位十二階についても、『日本書紀』と『隋書』の双方に関連する記述のあることから、この時代に制定されたことは確かです。

冠位十二階の制度により、大王に仕える者たちは、「大徳《だいとく》・小徳《しょうとく》・大仁《じん》・小仁・大礼《れい》・小礼・大信《しん》・小信・大義《ぎ》・小義・大智《ち》・小智」の十二の位のいずれかに位置づけられることになりました。明確な序列化です。位によって冠の色を変えたので「冠位」と言うのですが、これは同時に序列を可視化することになり、より序列を豪族たちに意識させることができたはずです。

厩戸王は、有力豪族である大臣の蘇我馬子《うまこ》の娘、刀自古郎女《とじのいらつめ》を妻にしており、冠位十二階などの制定も馬子との合作だったと考えられています。

この制度でとくに注目すべきことは、姓が氏族に授けられたものであったのに対し、冠位は個人に授けられるものだったということです。そのため、個人の功績によってその冠位を上昇させることもできました。たとえば、最初の遣隋使として有名な小野妹子《おののいもこ》は、最初は第五位の「大礼」でしたが、二度も遣隋使の務めを果たしたことで、最上位の「大徳」にまで昇進しています。

つまり、冠位十二階の制度は、ヤマト政権の中で働く者たちを官人として、その所属する氏族の上下関係を越えて、大王もしくは国家への功績によって身分を昇進させるものなのです。政権を支える官人たちは、個人として政権の中で序列化されることになりました。職務が、氏族ごとの請け負いだった時代から、官人となった個人が命じられるものになったわけで、これこそが官僚制への第一歩だと言ってもいいでしょう。

ただし、これは官人のためのものですから、王族は冠位十二階の枠外にあり、また大臣や大連などが率いる有力豪族も同様だったようです。厩戸王とともにこの制度を作った蘇我氏などは、冠位を与える側に立っていたということでしょう。

また、この時代には依然として氏族が強固な力を持ち続けています。実際、個人が命じられるといっても、高位についているのは有力豪族の出身者ばかりです。しかし、それでもこのような制度ができたのはなぜでしょうか。一つには、もちろん自分の属する氏族より天皇へ忠誠心を向けさせるためだといえますが、さらに中国との関係も考えられます。

中国の王朝は、すでに古くから官人を序列化して国家制度の中に位置づけていました。これは、中国の制度を受け入れた古代朝鮮の諸国も同様です。当時、中国を治めていた隋王朝へ外交使節を派遣して、隋を中心とした国際社会に参加しようとしていた厩戸王と蘇我氏は、中国の官位制度に類似した冠位十二階を作り、遣隋使として派遣する者を国家の「官人」として序列制度の中で位置づけて、その格を示す必要があったのです。

現代でも、いわゆる「肩書」が組織内部よりもむしろ対外的な折衝に必要になることが多いことと、原理的には同じだと言えます。

冠位十二階は、その後、七色十三階となり、さらに十九階に改められ、天智《てんじ》天皇の時代には二十六階となり、天武天皇の時代には四十八階となります。階差が細分化されていったことが見て取れますが、これは位を与えられる範囲が拡大した、つまり国力が増していって国家機構が拡大していったということを示していると考えてよいでしょう。

「憲法十七条」の戒め

憲法は、現代では国家の基本原則を定めた最高法規のことを指しますが、『日本書紀』に記された「和《わ》を以《もっ》て尊《たっと》しとなす」に始まる「憲法十七条」の条文は、左記にその一部を現代語訳した通り、むしろ官人の心構えや服務規程を定めたものです。

第一条――和を大切にし、争うことがないよう心がけよ。
第二条――厚く仏教を崇敬せよ。
第三条――大王の命令を受けたら必ず従え。君を天とし、臣を地とせよ。
第四条――官人は礼を基本とせよ。民を治める根本は礼にある。
第八条――朝早く出勤して、遅く退出せよ。

第 十 条——人間はみな凡夫である。是非の理を誰が定めることができようか。
第十一条——功績と過失を明察し、賞罰を行え。
第十二条——国土はすべて大王のもの。国司《こくし》や国造が税を不当に徴収してはならない。
第十五条——私心をおさえて公務を行うのが臣下の道である。
第十七条——ものごとを独断で行ってはならない。必ず衆議せよ。

憲法十七条は冠位十二階とは違って『隋書』に関連記述がなく、また第十二条の条文に厩戸王の時代にはなかった「国司」という後代の官職名が出てくることから、厩戸王が制定したものではなく、もっと後に定められたものではないか、という説もあります。しかし、当時も「くにのみこともち」という役職があり、これは天皇の「御言《みこと》」を地方へ伝えて実現させる者だと考えられるので、『日本書紀』の編纂の過程でそれが後の時代の国司という文字に置き換えられただけで、憲法そのものはこの時代のものと考えてよいとする見方が一般的です。

さて、第三条の天皇の命令に従えというのは、当然のことのように思えますが、これは逆に、この頃にはそうした基本的な心構えを説かなければならない程度の忠誠心しか、官人たちにはなかったと見るべきでしょう。当時の官人の目は、まだ天皇より出身の氏族に向いていて、後の官僚とはずいぶん違った性格を持っていたことを教えてくれます。

しかし、第十七条では、国土はすべて大王のものだとし、それぞれの氏族の出身者を、氏という一族の共同体から離して、国家の、あるいは大王の官人にしていこうという、強い指向性が認められます。蘇我氏のような有力豪族はともかくとしても、この憲法と冠位により、多くの中小豪族は官人として、氏族ではなく国家や大王に仕える官僚となっていくのです。

「大化改新」がもたらしたもの

しかし、こうした改革を進めた厩戸王は、推古天皇の後継と目されていながら六二二年に没し、その後は後継者が定められないまま、六二八年に推古天皇も亡くなります。

推古天皇が後継者を定めなかったのは、大王は群臣の推戴によってこそ即位するべきもの、という論理が当時あったことを示しています。もっとも、この時には豪族たちの意見も分かれていたようで、結果的に推古天皇の夫でもある敏達《びたつ》天皇の血を引く田村《たむら》皇子が即位して舒明《じょめい》天皇になりますが、聖徳太子の子である山背大兄王《やましろのおおえ》も推古の有力な後継候補者でした。

そして、舒明天皇が没すると、再び皇位をめぐって対立が顕在化することになります。後継者として有力だったのは、舒明天皇と蘇我氏の娘の間にできた古人大兄皇子《ふるひとのおおえ》と、山背大兄王の二人です。しかし、群臣の意見も一致しないことから、舒明天皇の皇后で自らも敏達天皇の血を引く宝皇女《たから》が即位して皇極天皇《こうぎょく》となります。推古天皇に続く女帝です。推古天皇の即位時と同じく、後継者を定めがたい情勢の中でとりあえず皇后が中継ぎとして即位したものです。

皇極が即位してから後、山背大兄王は大臣である蘇我蝦夷《えみし》の子入鹿《いるか》に居所を攻められて自害します。これは、大王の有力な後継者を除こうとしたものだと考えられますが、なぜ入鹿がこのような思い切った行動に出たのかはよくわかっていません。ただし、結果としてこの事件は、蘇我氏を孤立させることになります。

六四五年、舒明天皇と皇極天皇の子である中大兄皇子《なかのおおえ》は、中級官人の中臣鎌足《なかとみのかまたり》とともに、飛鳥《あすか》板蓋宮《いたぶきのみや》で儀式を行っている際をとらえて蘇我入鹿を殺害します。『日本書記』では、入鹿は死ぬ前に「私に何の罪があるというのか」と言ったとされ、入鹿自身には後ろめたい意識がなかったことを示していますが、中大兄皇子たちは入鹿が大王の位を簒奪《さんだつ》しようとしたと主張しています。そして、何より重要なのは、その場に居合わせた皇極天皇も、中大兄皇子たちの行動を黙認しているということです。

この事件を聞きつけ、大臣である蘇我蝦夷は自邸で自害し、ここに大王家を支えてきた蘇我氏の本宗家は滅亡します。これが「乙巳《いっし》の変」です。

変の後、皇極天皇は中大兄皇子に皇位を譲ろうとしますが、皇子は鎌足の意見でこれを辞退し、代わりに皇極天皇の同母弟である軽《かる》皇子が即位して孝徳《こうとく》天皇になり、中大兄皇子は、皇太子として政務をとりました。

そして、中大兄皇子が皇太子として主導して進めた改革が「大化改新《たいかのかいしん》」で、これによって国家制度は大きく変更されます。その改革の方針は、乙巳の変の翌年（大化二年）に発布された「改新の詔《みことのり》」に明記されています。詔は、左記の四カ条からなりますが、これは官僚制の成立を考える上で、画期的な内容だと言うことができます。

①子代《こしろ》の民と屯倉《みやけ》、臣・連・伴造・国造・村首《すぐり》の所有する部曲《かきべ》の民と田荘《たどころ》を廃止し、大夫《まえつきみ》以上に食封を与え、以下の官人には禄として布帛《ふはく》を与える。

②京を置き、畿内国司・郡司、関所・斥候・防人・駅馬・伝馬を置き、国の境界を定

める。
③戸籍・計帳を作成し、班田収受《はんでんしゅうじゅ》の法を定める。
④賦役を廃止し、調《ちょう》・庸《よう》を徴収する。

①は、天皇家に属する民とその直轄地、有力豪族らに属する民とその領地をすべて公けのものとして収公し、有力豪族らには国家の官人として給与を与える、というものです。他の条項も合わせて、「公地公民の原則」として知られる改革です。
②は、京から地方への支配を強化する制度整備です。
③は、①の具体化で、戸籍や帳簿を作成するとともに、耕地を新しく開墾した公民に分け与え、税として「租《そ》」（田地の生産物を納める）を徴収することを命じたものです。
④は、付加税としての「調」（特産物を納める）と「庸」（労働力の提供。労役）の規定です。じつは主な税に見える租よりも、調・庸の方が重要でした。
こうして土地制度や税制の改正をうたった詔ですが、じつは、その文言には『日本書紀』の編纂時に手が加えられていて、改新の当時に出された原文そのものではありません。そのため、詔自体の存在を疑う説もありますが、これも極論で、詔が存在したこと

は古代史研究者の間でもおおむね認められています。

大化改新が画期的だったのは、これによって有力豪族の連合政権的な性格が強かったヤマト王権が、はっきりと天皇を中心に中央集権化をはかるようになったことです。すでに触れたように、冠位も大化三年に七色十三階となり、同五年には十九階に改められましたが、それが冠位十二階と大きく違うのは、大臣や大連にも冠位が与えられたことです。つまり、有力豪族の長である「氏上」までが、大化改新以後は天皇の官人と位置づけられ、官人であることによって給与を与えられる官僚になったのです。このような制度が実現したのは、やはり大臣であった蘇我氏の滅亡が、政治的に非常に大きな意味を持っていたことを示しています。

十九階に改められた冠位は、冠の色などに多少の異説があるのですが、それまでの十二階の上に「大織《しょく》・小織・大繡《しゅう》・小繡・大紫《し》・小紫」の六階、下に「立身《りっしん》」が加えられたとされます。ただし、当初は、大臣でも上から五番目の大紫冠を授けられるに留まり、織冠や繡冠は簡単には授けられません。中大兄皇子とともに入鹿を討って大化改新を実現した中臣鎌足は、天智天皇の側近として以後も活躍し、藤原の姓を与えられて藤原鎌足となるなど優遇されますが、そうした鎌足でも「大織冠」を授けられたのは死の直前でした。天皇の意思で相当の昇進が望めた一方で、まだ氏族としての藤原氏はそれほど強力ではなかったのだとも言えるでしょう。

さて、こうして大化改新により、日本の官僚制度はようやく一段の進歩を見せました。しかし、具体的な運用方法などについては史料が乏しく、どこまでその制度が有効に機能したか、そこから明らかになる範囲にも限界があります。これに対して、中国の法制度が本格的に導入されると、日本の官僚制も相当に整ったものになったことが史料からもはっきりしてきます。

2 「律令国家」とは何か

中国に倣って、その体系化された法律である「律令《りつりょう》」が導入され、日本の国家組織は高度に整ったということができます。ここでは、飛鳥時代から奈良時代にかけて完成される律令国家の国家制度、官僚制度について見ていきます。

この項では、どうしても制度の細かい説明が増えますが、暗記しようなどとは思わずに、どういう体系やメカニズムのもとで宮中の地位や職が定まって、どういう力学で政治が動いたのか、に着目して下さい。

「覚える」より先に、まず「つかむ」ことが大切です。

「律令」の革新性

大化改新の後、中大兄皇子はしばらく皇太子の座に留まりましたが、六六七年に飛鳥から琵琶湖のほとりの近江大津宮（滋賀県大津市）へ遷都《せんと》すると、その翌年にようやく即位して天智天皇となります。そして、天智天皇はこの近江大津宮で「近江令《おうみりょう》」と呼ばれる法律を制定したと言われます。しかし、正史である『日本書紀』に関連の記述がない上、近江令に触れている史料にも具体的な条文は伝わっておらず、その存在を否定する研究者もいます。古代史には、史料的制約からこうしたことが多いのですが、限られた史料だけで無理に結論を出すのも危険なことなので、諸説があるのは止むを得ません。

さて、天智天皇が六七一年に没すると、天智の弟である大海人《おおあま》皇子と天智の息子である大友《おおとも》皇子がその後継を争います。これが「壬申《じんしん》の乱」で、勝利した大海人皇子が即位して天武《てんむ》天皇となります。

そして、天武天皇が六八四年に定めたのが「八色《やくさ》の姓《かばね》」の制度です。豪族の身分を「真人《まひと》・朝臣《あそみ》・宿禰《すくね》・忌寸《いみき》・道師《みちのし》・臣《おみ》・連《むらじ》・稲置《いなぎ》」の八階に定めたもので、豪族たちの序列をあらためて再編することを狙ったものと考えられます。大友皇子とそれを支持した中央の豪族たちを打倒した上での即位であるだけに、そうした改革ができたのでしょう。また、よく知られているように、「天皇」号も天武天皇の時代に成立したと考えられています。

強力な天武天皇の政権を引き継いだのは、天武天皇の皇后であり天智天皇の娘でもある持統《じとう》天皇です。持統天皇も「飛鳥浄御原令《あすかきよみはらりょう》」という法律を定めたとされますが、この法律も近江令と同じくその詳細はわかっていません。しかし、天智、天武、持統と一貫して法体系の充実に努める流れがあったのは確かなことのようです。

そして、持統天皇の後を継いだ文武《もんむ》天皇の治世下で、刑部《おさかべ》親王や藤原不比等《ふひと》らによって七〇一（大宝元）年に完成したのが、律六巻、令十一巻の「律令」で、これが「大宝律令」と呼ばれます。

「律令」というのは、すでに中国で整えられていた法律体系を指す言葉です。通例は「律令」と略しますが、隋の時代には「律令」に加えて、「格《きゃく》」「式《しき》」が同時に定められるようになります。

「律」は、刑罰についての法で、現在の刑法と刑事訴訟法を合わせたようなものです。「令」は、国家機構や役職、税など、一般行政に関する規則を定めた法律です。

この二つが法体系の基本を成すので、「律令制度」などと「格式」を省くことが多いのですが、律や令は一度定めたら変更しないものだったので、律や令に追加や改正のあるときには「格」という法令を出します。また「式」というのは、現代的な言い方をすれば法律を実施するための細目規則です。

変更されない律令に対して、格式は次々に新たなものが定められるので、これをまとめて編纂したものもたびたび作られます。八二〇（弘仁十一）年に成立した「弘仁格式《こうにんきゃくしき》」、八六九（貞観十二）年の「貞観格式《じょうがん》」、九〇七（延喜七）年の「延喜格式《えんぎ》」などです。これを三大格式と呼ぶ、などということを、何のことかよくわからないまま暗記させられた覚えのある方も多いかもしれませんが、そういうことなのです。

さて、すでに述べたように、令については近江令や飛鳥浄御原令がありましたが、律と令がともに編纂されたのは、大宝律令が最初でした。律令は中国の隋や唐にならって導入されたものですから、やはり日本の国家制度の基礎は、中国の制度を取り入れることによって築かれたと言えます。とくに大宝律令は、これまでの冠位制度などとは比べ物にならないほど広範で体系的な法による国家制度を日本へもたらしたと考えられますから、遣隋使や遣唐使は、仏教文化の伝来だけでなく、国政にも大きな役割を果たしたのです。

こうして成立した大宝律令ですが、続いて七一八（養老二）年には「養老律令《ようろう》」が成立します。両者の関係ははっきりしない点が多いのですが、内容的には大きな差はないと見られています。また、そもそも大宝律令では「律」のすべてが、養老律令でも「律」のほとんどが後の世に伝わっていません。幸いにも「令」の方はその全体がわかるのですが、これも原文が残っているわけではなく、後の時代に編纂された養老令の注釈書、今風に言えば実務者用の解説集である『令義解《りょうのぎげ》』（八三三年成立）や『令集解《りょうのしゅうげ》』（九世紀後半成立）などによって知ることができるだけなのです。

こうしたやはり史料的に制約のある律令制度ですが、日本の歴史においては、この制度が与えた影響は、古代にとどまらず、中世、近世、近代、現代と後の世まで大きなものがあるので、ここからは少々細かいところまで見ていきたいと思います。

但し紙幅の問題もあるので、律に定められた刑罰のあり方などもなかなか興味深いのですがこれは割愛して、本書では序列や格差により深く結びつく「令」にもっぱら注目したいと思います。

「位階」という序列制度

「令」でまず見るべきは、すべての官人を上下関係の序列の中に位置づける「位階《いかい》」でしょう。左頁の図のように、上は正一位《しょういちい》から下は少初位下《しょうそいのげ》まで三十階に分かれています。ただし、位階はある程度大きくクラス分けもできて、一位から三位までを「貴《き》」と呼び、それ以下と区切ります。また、一位、二位、三位にはそれぞれ「正《しょう》」と「従《じゅ》」の二段階があるので、正一位から従三位まで計六段階があることになります。

そして、こうした位階に応じて官人としての役職も決まります。「官職」と「位階」を合わせて「官位」と呼びますが、「官位相当」と言って位階に対応する官職、また官職に相応する位階が決まっていました。たとえば一位から三位の位階にある者は、「三《さん》公《こう》」と呼ばれる太政大臣、左大臣、右大臣の他、大納言など、最上級の官職につきます。こうした高位の官人を「公卿《くぎょう》」と言います。

次に四位と五位を「通貴《つうき》」と言い、やはり「正」と「従」を分け、さらに「上《じょう》」と

位階の構造

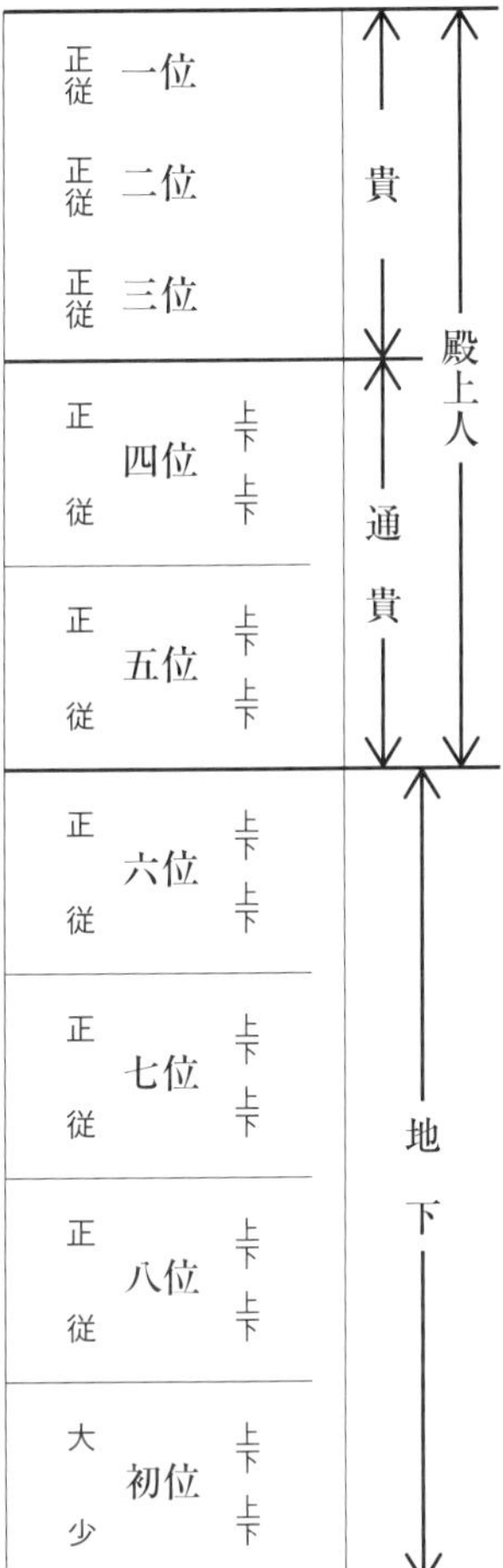

五位まで「下《げ》」の別があり、計八段階があります。そして多少の例外はあるのですが、五位までの位階にある者は、天皇が政務を執る宮中の清涼殿《せいりょうでん》への昇殿を基本的に許されるので、五位以上を「殿上人《てんじょうびと》」とも言いました。ここまでがいわゆる「貴族」の範囲です。

六位以下も、四位・五位と同じく、「正」と「従」、「上」と「下」に分けられ、正六位上から少初位下まで十六階に分かれていますが、これはまとめて「地下《じげ》」と呼びます。つまり殿上人とは逆に、昇殿を許されない人々ということです。あるいは、五位までを上、中級官人、六位以下を下級官人と区別することもできるでしょう。

このように、三位と四位の間、五位と六位の間には、与えられる官職や待遇から見ても、大きな格差があったことが分かります。

また、王族の中でも比較的身分の低い「諸王」も位階を与えられますが、それでも六位以下になることはありません。やはり天皇の血筋は尊ばれ、地下にすることは考えられなかったのでしょう。

さらに、王族の中でも身分の高い「親王」には、「品位《ほんい》」という別の序列が与えられます。品位には一品から四品まであり、実質的にはおおむね一位から四位と同等に対応していますが、天皇の血筋をより色濃く引いている者は、序列の軸も別に設けられるなど、まさに別格の取り扱いを受けるのです。

この位階は、今後も本書を通じて登場します。というのも、日本の歴史においては千三百年前に律令制によって定められた位階制度が、驚くべきことに終戦直後までずっと官僚制度において生き残るからです。もちろんその権威の軽重や実質的な意義には変化があるのですが、戦国時代などの混乱期にあってさえ、それが断絶することがなかったということは、やはり日本の歴史を考える上ではぜひ注目すべき点で、これについてもおいおい紹介していきたいと思います。

政権の中枢「太政官」

令には、位階制度とともに、官庁の機構制度も定められていて、それは「二官八省《にかんはっしょう》」と総称されます。二官とは「神祇官《じんぎかん》」と「太政官《だじょうかん》」で、神祇官は「こうづかさ」とも読み、宮中の祭祀を執行し、全国各地にある「官社」、つまり国有の神社を管轄する役所です。ただし、神祇官はその長官である「伯《はく》」でさえ従四位下相当ですので、その位置づけはさほど高くありません。国家制度上より重要なのは、政治を担当する太政官とその下にある八省です。

太政官は、政策を審議して国家の政治を行う機関です。そして、太政官の意向に沿って政治軍事の実務的な執行をするのが八省というわけです。

まず、太政官の中心は、左大臣・右大臣（定員各一人）とそれを補佐する大納言（定員四名）です。位階は、大臣が二位、大納言が三位です。左右大臣の上に太政大臣が置かれることもありますが、これは「則闕《そっけつ》の官」と言い、適任者がいる時だけ置かれる非常置の官職です。名誉職的なもので一位に叙《じょ》せられます。

ちなみに、ここに「叙せられ……」という言葉が出てきましたが、位階は天皇や国家から「叙せられる」もので、官職は「補《ぶ》される」ものです。勲章を貰うことを現代でも叙勲と言いますが、あの「叙」です。また、「補される」は現代の「任命される」と同義ですが、その任命の「任」も本来は「官人」になることを指すものでした。今でも官僚になることを任官、というのはそれです。つまり、官人に任じられ、職に補され、位を叙されるのです。それぞれ、今はあまり使う機会はない言葉ですが、戦前までは新聞記事や小説などにも「△△に補されて」とか「××に叙せられ」などという表現がいくらでも出てくるので、注意していると気の付くことも多いはずです。ただし、本書では煩雑にならないように、基本的に現代的な表記をします。

さて、早くも七〇五年、太政官の中に、令にはもともとなかった中納言という役職が新たに設けられます。これによって、大納言の定員は二名となり、下位の者が中納言になります。また、それぞれに「権官《ごんかん》」も任命されるようになります。権官とは定員外の官員を指すのですが、たとえば「権大納言」は本来の定員である「正官」の二名を超えて任命された者ということです。ただし、定員外とは言っても大納言の場合は、権官も正官同様の権限を持ちます。

また、奈良時代の中期以降になると、中納言の下に「参議」（定員八名）が政策審議に加わる者として置かれます。ここまでが太政官の中枢となるメンバーで、「議政官《ぎじょうかん》」と呼ばれます。

ただし、これは当時にはなかった言葉で、律令官制における政治中枢を表すための歴史用語にすぎません。議政官のメンバーが増えていったのは、審議すべき職掌が広がったためでしょう。「公卿《くぎょう》」は三位以上の者を指す言葉ですが、参議だけは四位でも「公卿」とされました。さらに奈良時代も末になると、右大臣と大納言の間に内大臣《ないだいじん》が新たに置かれます。

このように、中納言や参議、内大臣、さらには後の摂政、関白のように、令には定められていなかった官職が設けられていきますが、これを「令外官《りょうげのかん》」と言います。文字通り令の制度の外にある官職というわけですが、わざわざ令になかった官職をつくるということは、逆にそれだけ必要性があったということです。実際にその職についている者が、大きな役割を果たしていることが歴史上には多く見られます。

高官を支える「局」

朝廷の中枢である太政官は、中国では台閣とも言い、明治以降の日本の「内閣」もここから派生してできた言葉です。ただし、現在の日本政府の内閣が総理大臣と国務大臣との合議体を指すのに対し、太政官はそれに国会の立法機能まで併せたような機関です。また、現在の内閣には、その事務的補佐をする官房組織が付属していますが、律令制でも議政官たちを補佐する事務部局がありました。太政官とは、議政官にその事務部局を合わせた総称ということになります。

まず、議政官の秘書的機能を果たす機関として、少納言が管轄する「外記局《げききょく》」があります。外記には、大外記《だいげき》、少外記《しょうげき》が各二名の計四名がいて、宮中行事の進行役や、その先例を調べたり、記録をしたりします。外記たちのトップを務める大外記は「局務《きょくむ》」と言い、五位の位を与えられます。

そして、議政官によって決定された事項を八省や諸国の役所に伝達し、文書を取り次ぐ行政機構として、「弁官局《べんかんきょく》」があります。弁官局は左右に分かれ、それぞれに大弁、中弁、少弁の各一名がいました。実務的な機関ですが、政権の中枢に関わるだけにかなり家柄のよい者が任じられる役職で、大弁には参議を兼ねる者もいました。

また一方で、家柄は低くても、大学寮《だいがくりょう》で学び試験に及第した「文章生《もんじょうしょう》」から弁官に任用される学者官人もいました。彼らの中からも参議となって公卿の仲間入りをする者があらわれましたが、多くは大弁を兼ねて議政官の中で実務的な役割を担当しました。

弁官の下には、さらに「史《し》」という事務部局が付属していました。議政官の下す命令を弁官の指示のもとに文書にする役目で、これも左右に分かれ、大史《だいし》と少史《しょうし》が各二名ずつ いました（左右で計八名）。史のトップも外記局と同じく五位で、これを「官務《かんむ》」と言いました。

このように、律令官制には、議政官といった上層部だけでなく、その審議を支え、その決定を滞りなく下部組織に伝達する事務部局に至るまで、細かく組織機構の形が定められていたのです。

外記や史の機能は下級官人が担いましたが、そうした職務には過去の事例に精通している必要があるなど、実務的な修練や知識の蓄積が必須なためでしょう、次第にその官職は特定の家で世襲されるようになり、行政事務の専門家集団が形成されていきます。

実務官庁の「省」

政治的機能、政策的機能を果たす太政官に対して、「八省」はその下にある実務官庁です。その機構は72頁の図にある通りですが、八省の中では「中務省《なかつかさ》」が筆頭格の役所です。「中」とは禁中《きんちゅう》のことで、禁中とは出入りが厳しく制限される「禁門《きんもん》」の内側、つまりは宮中のことです。また、「務」は政務を指しますから、ようするに天皇の宮殿内の政務を担当する役所です。天皇に全権がある律令制度においては、その重要性は他省をはるかに超えます。

そのため、他の省の長官が通例では正四位下であるところ、この省の長官である中務卿だけは一階上の正四位上の位階を持ちます。また、中務卿には皇族である親王が任じられることになっていました。つねに天皇の側にいて天皇を輔導し、詔書を作成し、人事のことにも関係したので、ほかの省の長官よりはっきりと格が高くなっていたのです。

ただし、中務卿を含めて、実務を担う役所である省の長官は、議政官よりは格下とされていました。

以下の省にもゆるやかな序列があるのですが、中務省に続く「式部省《しきぶ》」は、宮中儀礼や文官の人事などを掌《つかさど》る役所で、長官の式部卿にはやはり親王が任じられました。「治部省《じぶ》」は、雅楽、僧尼、外交などを掌る役所で、「民部省《みんぶ》」は諸国の民政や租税徴収を掌る役所です。中務省、式部省に次いで要職とされていました。

「兵部省《ひょうぶ》」は、諸国の兵士や軍事に関するいっさいのことを掌る役所です。軍事を扱うだけに、次第に式部省をしのぐ力を持つようになります。この省の卿も、親王が任じられます。

「刑部省《ぎょうぶ》」は、訴訟、裁判、その刑罰の執行などを担当する司法機関です。

「大蔵省《おおくら》」は、金銭の出納や諸国の調（徴税）、銭貨、金銀などを掌る役所です。徴税を担当するだけに、やはりこの省の卿は、財産家となった者が多いといいます。

「宮内省《くない》」は、中務省が宮中の儀式など華やかなところを管掌するのに対して、天皇の日々の食事の調進など日常生活に関する御用を掌り、皇室の御料地の管理や宮殿の土木、建築を担当する役所です。

このように八省は、税制、財政、外交、軍事、司法など、国家の運営に不可欠な職務を担う官庁でした。そのためか、大蔵省は平成十三年の省庁再編まで名前が残っていましたし、宮内庁が今もあるのは言うまでもないでしょう。こうした点を見ただけでも、律令制が現代日本の国家制度の原形であったことがわかります。

官職の四等官制

律令制における官人は、位階とは別に官職の上でも階差がありました。基本的にそれぞれの役所で、長官《かみ》、次官《すけ》、判官《じょう》、主典《さかん》の四階層に分けた「四等官制《しとうかんせい》」をとって官人たちを序列化していました。長官はその組織の長で、次官はその補佐、判官は事務主任、主典は書記のようなものだと考えて構いません。

四等官制の複雑なところは、組織の性格や格式の高下によって、各等の官職にあてる文字が違うことです。たとえば長官であれば「守」であったり「頭」であったりしますし、次官であれば「輔」であったり「介」であったりします。しかし、すべての役所で「カミ」「スケ」「ジョウ」「サカン」の四階層に分かれていることは変わりません。

たとえば、中務省の長官は前に述べたように「卿」で、親王が任じられます。もし親王に適当な人物がいない場合は欠員となりました。次官の「輔《すけ》」には、さらに中務大輔《たいふ》と中務少輔《しょう》の序列があり、それぞれに定員外の権官もいます。すなわち、次官だと言っても一人ではなく、中務大輔、中務権大輔、中務少輔、中務権少輔の四人がいたわけです。また、中務省の大輔は正五位上、少輔は従五位上の位階を与えられますが、他の省では大輔が正五位下、少輔が従五位下と、やはり中務省は次官も他の省より格上の扱いをされています。判官には、大丞《たいじょう》一人、少丞《しょうじょう》二人がおり、主典には、大録《だいさかん》一人、少録《しょうさかん》三人がいました。そして、その下に史生《ししょう》二十人が付属し、さらにその下に、省掌《しょしょう》、使部《しぶ》などの下級官吏がいたのです。

また、天皇に近侍する侍従も中務省の官吏です。大宝令では八人でしたが、次第に人数が増えて平安時代には二十人ほどになりました。侍従のうちでも上位にある三人は、少納言を兼帯します。前述の通り少納言は外記局を管轄する要職です。

他の省も、中務省に対して位階が一つ下がる以外は、ほぼ同様の四等官制ですが、式部省だけは少し特殊で、式部省の次官は儒者などの学者がつとめることになっていました。これは、学問の府である大学寮を管轄し、儀礼や人事の慣行にも職務上通じていなくてはならなかったからでしょう。天皇に読書を教授する「御侍読《ごじどく》」を経験した者でな

律令制の政治機構

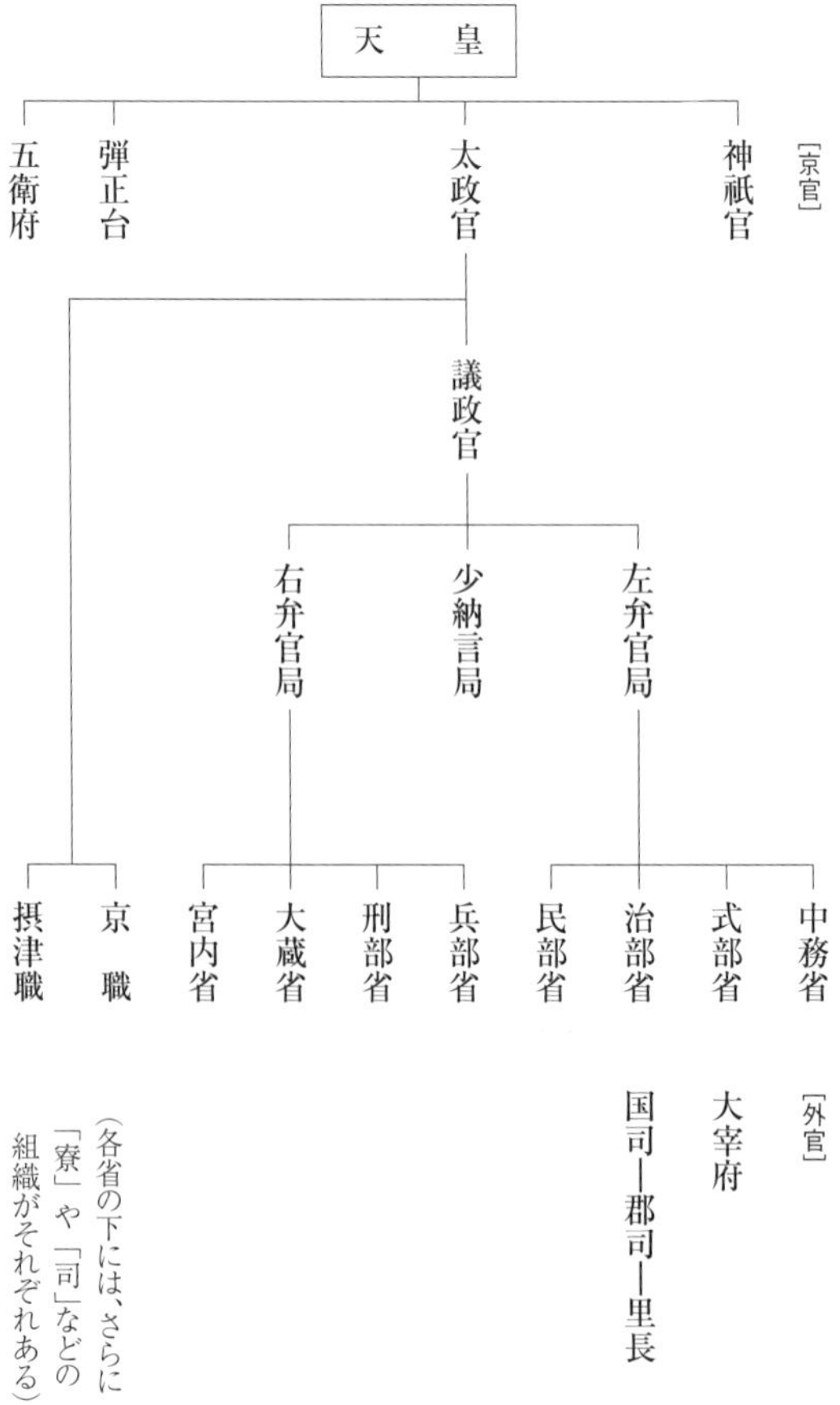

天皇
［京官］
神祇官
太政官
弾正台
五衛府
議政官
左弁官局
少納言局
右弁官局
中務省
式部省
治部省
民部省
兵部省
刑部省
大蔵省
宮内省
京職
摂津職
［外官］
大宰府
国司―郡司―里長
（各省の下には、さらに「寮」や「司」などの組織がそれぞれある）

位階＼官職		神祇官	太政官	中務省	中務以外の七省	衛府	大宰府 弾正台
正一位 従一位			太政大臣				
正二位 従二位			左右大臣 内大臣				
正三位			大納言				
従三位			中納言			大　将	帥
正四位	上			卿			
	下		参　議		卿		
従四位	上		左右大弁				尹
	下	伯				中　将	
正五位	上		左右中弁	大　輔		衛門督	大　弐
	下		左右少弁		大　輔 大判事	少　将	弼
従五位	上			少　輔		兵衛督	
	下	大副	少納言	侍　従	少　輔	衛門佐	少　弐
正六位	上	少副	左右弁大史				大　忠
	下			大　丞	大　丞 中判事	兵衛佐	大　監 少　忠
従六位	上	大祐		少　丞	少　丞	将　監	少　監
	下	少祐			少判事	衛門大尉	大判事
正七位	上		大外記 左右弁少史	大　録	大　録	衛門少尉	大典・防人正 大　疏
	下			大主鈴	判事大属	兵衛大尉	主　神
従七位	上		少外記			兵衛少尉	
	下					将　曹	博　士
正八位	上			少　録 少主鈴	少　録		少典・医師 防人佑・少疏
	下	大史			判事少属	衛門大志	
従八位	上	少史				衛門少志 兵衛大志	
	下					兵衛少志	
大初位	上						判事大令使
	下						判事少令使
少初位	上						
	下						

ければなることができませんでした。

こうした専門的な役職は、特別な知識、技能が必要なだけに、早くから菅原《すがわら》家、日野《ひの》家、大江《おおえ》家といった特定の家の出身者が世襲的に任じられるようになります。学問の神様である天神様で有名な菅原道真も、この菅原家の出身です。式部大輔は、四位に昇進し、参議に任じられ公卿になる道が開かれていて、公卿になってもそのまま式部大輔を兼帯しました。

つまり、宮中も家柄だけでなく、実務に長《た》けた官人が上昇する余地もわずかながらあったということです。ただし、上級官人はともかく、中下級の官人にとっては、位階を一つ上げるだけでも大変なことでした。官職の上でも、同じ等級内の上昇はともかく、役職を一等上げることは簡単ではありません。たとえば、四等の最下位である小サカンが大サカンに昇級することはあっても、三等の小ジョウになるにはかなりの壁がありました。とくに、四等官の内でも、次官と判官の間に、より大きな地位や立場の格差があったようです。

付属組織も四等官制

各省の下には、「職《しき》」「寮《りょう》」「司《つかさ》」とさらに細分化された現業的実務を担う役所が付属します。たとえば、中務省には次のような傘下の役所がありました。

中宮職《ちゅうぐう》——皇后付きの役所
図書《ずしょ》寮——国史を編修し、朝廷の書籍・仏典などを管理する役所
内蔵《くら》寮——天皇の財産を管理する役所
縫殿《ぬいどの》寮——女官の考課を行い、御服の裁縫などを監督する役所
陰陽《おんみょう》寮——天文による吉凶の判断や暦を管轄する役所
内匠《たくみ》寮——儀式の装飾品や調度などを作る役所

「職」の長官は「大夫《だいぶ》」、「寮」の長官は「頭《かみ》」で、たとえば中宮職の長官は中宮大夫《ちゅうぐうだいぶ》、図書寮の長官は図書頭《ずしょのかみ》です。これらの官職は従五位相当です。

同様に、兵部省には宮殿を守衛する「隼人《はやと》」を統率する役所である「隼人司《はやとのし》」がありました。隼人とは、薩摩や大隅出身の人々のことで、勇猛であることから特にその地から兵を徴発して守衛にあたらせたのです。その隼人たちを管理する隼人正は本来「はや

とのかみ」と読みますが、いつの頃からか慣例的に「はやとのしょう」とも読まれるようになりました。

この「正」は、現代の検察組織の「検事正《けんじせい》」や警察組織の「警視正《けいしせい》」などに残っています。検事正は地方検察庁の長、警視正は規模の大きな警察署の署長に与えられる階級なので、地方組織の「カミ」のイメージを踏襲していると言えるかもしれません。

刑部省には、獄舎を掌る囚獄司が付属して、長官はやはり正で「囚獄正《しゅうごくのかみ》」です。

式部省の下には、先にもふれた大学寮が置かれました。これは、官吏養成のための施設で、現在で言えば東京大学のような存在です。他の寮と同様に長官は頭で「大学頭《だいがくのかみ》」ですが、大学寮にはその上に「別当《べっとう》」がいました。

別当とは、本務とは別に、兼官で他の組織の監督役をする者を指す言葉です。大学寮の別当は、当初は式部少輔が、後には親王や大臣がつとめました。別当という言葉は、鎌倉時代などでは単に役所の長官の意味になってきますが、そもそもの意味は、本来の官職とは別に、他の役所の官職を務めることなのです。

民部省には、主計寮と主税寮が付属していました。主計寮は歳入や歳出を計算し、決算・予算のことを、主税寮は田租の管理と米穀の蔵からの出納をそれぞれ担当します。

治部省には、宮中の音楽を担当する雅楽寮、僧や尼の名簿を管理して、宮中の仏事などを担当する玄蕃寮、歴代天皇の墓である「陵《みささぎ》」を管理する諸陵寮がありました。大蔵省には、織染工房とも言える織部司があり、錦や綾といった高級織物や染物を生産します。

八省には、このように現業的な性格を持つ様々な役所も付属していたわけですが、中でも宮内省は、宮中の御用、つまり天皇や皇族の日常生活を支える役所であるだけに、次のようにじつにさまざまな役所が職、寮、司が付属しています。

大膳職《だいぜんしき》――饗膳（儀式における食事）を担当
木工寮《もくりょう》――宮殿の造営、大工などを担当
大炊寮《おおいりょう》――神事・仏事・宴会などの食事などを担当
主殿寮《とのもりょう》――宮中の庭掃除、灯りの油、風呂の薪などの用意を担当
典薬寮《てんやくりょう》――薬や薬園の管理を担当
掃部寮《かもんりょう》――宮殿の施設管理、掃除などを担当
正親司《おおきみのつかさ》――皇族の名簿の管理などを担当

内膳司《ないぜんし》――天皇の日常の食事を担当
造酒司《みきのつかさ》――酒造などを担当
采女司《うねめのつかさ》――諸国の郡司から差し上げられた雑事担当の女官たちの差配を担当
主水司《もいとりのつかさ》――水・粥・氷室などの管理を担当

ちなみに、現在の宮内庁は、中央官庁の中では人員的にはむしろ小規模な役所ですが、今でも宮中晩餐会の食事を担当するのは大膳部です。また、雅楽の担当者から、各地の陵墓を管理する職員まで、嘱託を含めて特殊な技能の職種が今でも宮内庁にはあります。これも律令制の名残だと言えるのかもしれません。

律令制の軍事組織

ここまでざっと行政組織を見てきましたが、もちろん律令官制には軍事組織も含まれます。当初は、衛門府《えもんふ》、左右の衛士府《えじふ》、左右の兵衛府《ひょうえふ》の五衛府が置かれましたが、何度かの再編を経て、平安時代の初期までには、左右の近衛府、左右の兵衛府、左右の衛門府の六衛府に定まっていきます。

律令制においては、兵士は一戸から正丁《せいてい》一人、つまり一つの家から成人男性一人の割合で徴発され、地方の軍団に属することになります。そして、軍団から選ばれて京へ派遣されてその警備にあたる者が「衛士《えじ》」です。この衛士が各衛府に配属されて、軍事力や労働力として使われるのです。

六衛府も行政組織と同様に四等官制をとり、カミやスケは貴族がつとめます。たとえば、衛門府では長官が衛門督《えもんのかみ》（正五位上）、次官が衛門佐《えもんのすけ》（従五位下）、三等官が衛門 尉《えもんのじょう》（大尉《たいじょう》が従六位下、少尉《しょうじょう》が正七位上）、四等官に衛門志《えもんのさかん》（大志《だいさかん》が正八位下、少志《しょうさかん》が従八位下）が置かれます。

また、「将」「佐」「尉」という衛府の官職名が、旧日本軍の階級にも使われていたことには、多くの方がすでにお気づきでしょうが、現在の自衛隊でも、将官は将《しょう》と将補《しょうほ》、佐官は一佐《いっさ》、二佐《にさ》、三佐《さんさ》、尉官は一尉《いちい》、二尉《にい》、三尉《さんい》となっています。

さて、古代における政争、内乱などで動員されたのは、こうして律令制によって定められた軍事組織の衛士たちでした。たとえば、七二九年の「長屋《ながや》王の変」の時、長屋王邸を取り囲んだのは、式部卿の藤原宇合《うまかい》に率いられた衛士府や衛門府の兵士たちでした。聖武天皇を呪詛したと疑われた長屋王は、じつは冤罪だったのですが、国家＝天皇に対する反逆とされたので、その捕縛に衛士が動員されたのです。

律令制以前は、豪族が各々抱えていた武力、いわば私兵を使って政争が行われていましたが、以後は政争にも国家の軍事組織が使われることになります。しかし、国家の軍事組織が使われていたということは、それは必ずしも私戦であったわけではなく、事前であれ事後であれ、明確な指示であれ黙認であれ、そこには天皇の意思が反映されていることが多かった、ということには注意が必要です。

六衛府の中でも格が高かったのは、天皇を親衛する近衛府です。これは、奈良時代に孝謙《こうけん》天皇の身辺警護をするために設けられた「授刀衛《じゅとうえい》」という組織から発祥しています。授刀衛は、七六四年に起きた「恵美押勝《えみのおしかつ》（藤原仲麻呂）の乱」のとき、衛士を動員しようとする太政大臣の仲麻呂に対し、皇位を淳仁《じゅんにん》天皇に譲って太上天皇《だいじょうてんのう》（上皇《じょうこう》）になっていた孝謙側の戦力として乱の鎮圧に決定的な役割を果たし、翌年にこれが近衛府になるのです。つまり、授刀衛も近衛府も令にはもともとなかった軍事組織ですから、やはりこれも令外官です。

また、平安時代に入ると、京の治安維持にあたる検非違使《けびいし》が新設されます。文字通り、非違を検断するのが役目で警察や司法を担当するのですが、そうした役目を果たす組織は律令制度にもあります。

刑部省などの令にある治安機関が有効に機能しなかったためとも、組織間の対立のためとも言われます。ただし、実際に検非違使の実力部隊として京の治安にあたったのは、衛門府の官人や衛士たちでした。長官には衛門督をつとめる中納言などがなりますが、これも本官のある官人の兼任ですから、「検非違使別当」と呼ばれました。

また、朝廷の置かれた京は東側の左京と西側の右京に分けられ、「職《しき》」という官司（役所）が置かれ、京の町の行政、司法、警察、市場の監督などを担当しましたが、その役目も後にはほとんどが検非違使に吸収されていきます。

地方の行政組織

これまで見てきた「二官八省」は在京の官職なので、「京官《きょうかん》」あるいは「内官《ないかん》」と呼ばれました。これに対して地方に置かれる官職は「外官《げかん》」と呼ばれます。

地方の行政単位は、国《こく》・郡《ぐん》・里《り》に分けられていました。国は、現在の都道府県の元になっていて、郡も現在の郡と名前も区画もさほど変わらないところがまだ少なくないのはご存じの通りです。律令制は、こうした面にも影響を残しているのです。

各国の中心には国府が置かれ、そこへ中央（京）から「国司」が四年の任期で派遣されます。国司にも「守《かみ》」「介《すけ》」「掾《じょう》（大・少）」「目《さかん》（大・少）」の四等官があります。つまり、単に国司と言えば、それは守、介、掾、目の総称で、一人の人物を指すものではないということです。

たとえば、現在の福井県にあたる越前国であれば、越前国司は複数いるわけで、その長官であれば「越前守」、次官であれば「越前介」となるわけです。国守は、基本的に五、六位相当の官職です。ただし、国にも大国《たいこく》、上国《じょうこく》、中国《ちゅうこく》、下国《げこく》の四等級の格があり、その格によって国司の人数や与えられる位階などまでが細かく令で決められています。

つまり同じ国守でも地位に差があり、たとえば大国の中でも上総、常陸、上野の三カ国は、「親王任国《しんのうにんこく》」といって親王が長官に任じられ、「太守《たいしゅ》」と称します。しかし、親王は実際には任国へ行かず、次官以下を赴任させて俸給だけを受けます。そのため、これらの国では次官の介（上総介、常陸介、上野介）が事実上の長官でした。

忠臣蔵で知られる赤穂事件に登場する敵役の吉良《きら》が、「上野介《こうずけのすけ》」で「上野守《こうずけのかみ》」ではないのはこのためです。江戸時代に大名や高位の旗本が越前守、図書頭などと官職を名乗ったのは、役職の実態を伴わない「名前（通称）」でしかなかったのですが、それでも親王が就く「上野守」ではなく「上野介」と名乗るような、律令制度上の慣行は守られていたのです。

話が少し逸れましたが、中央から派遣される国司たちに対して、つねにその地方で官人として働いたのは、律令制以前は国造をつとめていたような地方豪族や土地の有力者たちで、国司の下で働く「郡司《ぐんじ》」などの地位を世襲的に占めていきます。国の中心となる国府には政庁が置かれ、これを「国衙《こくが》」と言います。「衙」とは役所の意です。郡司以下の地方官人はこの国衙に詰めて用をつとめるので、彼らのことを歴史用語で「在庁官人《ざいちょうかんじん》」と呼びます。

また、各国の国衙とは別に、九州北部には「大宰府《だざいふ》」が置かれます。九州全体の行政に関わるほか、中国や朝鮮に対する外交や防衛を担当する重要な役所でした。

大宰府の長官は「帥《そち》」ですが、大国と同様に親王がつとめる役職で、やはり実際には赴任しないので、実質的な長官は権官である「権帥《ごんのそち》」か、次官の上席にある「大弐《だいに》」がつとめます。平安時代の前期、右大臣菅原道真が失脚して大宰府に左遷されますが、この時の官職が「権帥」でした。左遷と言ってもそれまで右大臣だった者がつく官職なので、従三位相当の権帥としますが、こうした場合には実質的な権限は与えられません。

また、後に院政期になると、あの平清盛が保元の乱に勝利した後、求めて大宰大弐の職につきますが、これは実質的な大宰府の長官として、日宋貿易を支配しようとしたものです。

官吏の給与と勤務評定

律令国家の財政基盤は、外官たちが地方から徴収してきた「租・庸・調」という税によったことは、中学校でも習った覚えがあると思います。これによって地方から富が吸い上げられ、それが律令国家の行政経費を賄ったのですが、行政経費の中で多くを占めるのは、官人たちの給与です。そして、それは官位によって決まりました。

とくに位階によって「位田《いでん》」や現物支給の「季禄《きろく》」などが与えられ、高位の職にある者には「職田《しきでん》」も与えられます。官人の中には、「散位《さんい》」といって官職のない非役の者もいましたが、官人である限り位階はかならず与えられるので、位階による収入はあったわけです。

古代の官吏たちには、「考課《こうか》」と言う勤務評定がありました。自分が属する役所の長官によって勤務評定を受けるのが原則でしたが、勤務日数は、常勤の職員で年間二百四十日以上が必要で、それ以下だと評定の対象にもなりません。

官吏としての評価基準には、「善《ぜん》」と「最《さい》」の二つの軸があったそうです。「善」は人格評価で、①人格者との評判が高い、②清く慎ましやかだとの評判が高い、③勤務ぶりが公平だ、④勤務に精励し怠けることがない、の四項目。「最」は職務を十分に果たしたかどうかを評価するものです。

これらの項目によって、毎年、「上上」から「下下」までの九段階の評価を受け、それによって昇進が決まったのです。

ただし、これは下級官吏の昇進に使われたもので、五位以上の貴族の昇進は結局のところ家柄によっています。それも慣習的に行われたというのではなく、公式に「蔭位《おんい》の制」という制度が定められていて、たとえば一位の者の嫡子は従五位から官人の勤務を始める、というように、有力貴族を非常に優遇する規定があったのです。

つまり、多くの官人に地位上昇のチャンスはあったものの、一方で決して努力ではひるがえせない、血筋の格差もそこにはあったのです。

3　摂関政治の官僚たち

八世紀初頭、中国に倣った大宝律令が導入されたことによって、劇的に発展した古代日本の官僚制度ですが、徐々に日本独特の新しい官職が加えられてきました。そして、平安時代中期のいわゆる「摂関期」に、その日本的な官僚制度が完成したとも言えます。中国オリジナルの律令制を離れたということですが、律令制のすべてを否定したわけではなく、奈良時代から徐々に移行してきたものが、摂関期に頂点を迎えたということです。

奈良時代に始まった遣唐使が八九四年に廃止され、文化的にも唐風文化から国風文化へと流れが変わったことは中学の歴史でも習うことですが、むしろその流れは政治制度にこそあって、それが文化にも波及したと考えるべきなのです。

蔵人所

奈良時代の始まりと前後して導入された律令制ですが、時代を経るに従って令には規定されていないさまざまな官職が設けられるようになります。これがすでにたびたび触れてきた「令外官」ですが、平安時代になって設けられた令外官の中でも重要な役所に「蔵人所《くろうどどころ》」があります。

蔵人所は、天皇の家政機関です。家政とは公の政治から離れた、私的な衣食住や財産の管理を指します。したがって、その長官である蔵人頭は、いわば天皇の秘書官長とでも言うべき存在ですが、頭二人の下に五位の蔵人が二、三人、六位の蔵人が五、六人、非蔵人（見習いの蔵人）三〜六人で蔵人所は構成され、さらにその下に雑色《ぞうしき》、所衆《しょじゅう》、出納《すいとう》、小舎人《こどねり》、滝口《たきぐち》、鷹飼《たかがい》など、雑役に従事する者が付属していました。また、天皇の秘書役であるだけに、蔵人だけは六位の者でも昇殿が許されました。

さて、では蔵人所が出来る前は誰がその役目を果たしていたかと言えば、それは女官たちでした。本来、天皇の意思は女官を通じた「内侍宣《ないしのせん》」という文書で議政官へ示されることになっていました。長官である尚侍《ないしのかみ》以下、女官で構成された「内侍司《ないしのつかさ》」は、令にもきちんと定められている役所です。ところが、これに高校の日本史で習った覚えのある方も多い「薬子《くすこ》の変」が影響します。

平安京への遷都を行った桓武《かんむ》天皇のあとは、その子である平城《へいぜい》天皇が継ぎますが、病気のため天皇の座を実弟の嵯峨《さが》天皇に譲ります。一説には、異母弟の伊予《いよ》親王に反逆の疑いをかけて死に追いやったことから怨霊に怯えて譲位したのだともいわれますが、そもそも平城と嵯峨、また双方を取り巻く官人たちにも対立があったようです。

こうして天皇から上皇となった平城は、平安京から旧都である奈良の平城宮へ居所を移したのですが、それには寵愛していた尚侍の藤原薬子や多くの官人たちも引き連れており、朝廷が二つあるような形になってしまいます。このとき平城宮の改修を任されたのは薬子の兄藤原仲成《なかなり》で、仲成と薬子の兄妹は、さらに平城を天皇に復位させることを図ります。

一方、秘書機能である内侍司を平城上皇に握られてしまった嵯峨天皇は、内侍司の代わりに同様の任務を行う蔵人所を設け、巨勢野足《こせののたり》と藤原冬嗣《ふゆつぐ》をその頭に任じ、彼らを通じて太政官へ命令を下せるようにします。そして、薬子を尚侍から解任し、仲成を捕らえます。平城上皇は、東国へ行って再起を図ろうとしますが、蝦夷《えみし》討伐で有名な軍事貴族の坂上田村麻呂《さかのうえのたむらまろ》に阻止され、あきらめて出家します。仲成は射殺され、薬子は毒を仰いで自殺し、変は終結しました。

つまり、蔵人頭が設けられたのは、平安時代初期の政治情勢のためだったのですが、このように制度が変わるときには、そこにどんな背景や意図があったのかに、関心を払う必要がつねにあります。

薬子の乱後も旧に復することなく、天皇の命令は男子の官吏である蔵人頭によって太政官に伝えられる方式に代えられ、蔵人頭は天皇の手足となって働く第一の側近となります。

このころまでに、藤原氏はすでに貴族の中でも非常に有力な家になり、家祖である鎌足の、その息子不比等《ふひと》の四人の子供の血筋から、南家《なんけ》、北家《ほっけ》、式家《しきけ》、京家《きょうけ》の四つに分かれていました。そして、嵯峨天皇の信頼が厚く初代の蔵人頭になった冬嗣以降、北家が他家を圧倒するようになり、平安時代中期以降に相次いで摂政、関白が輩出するのは北家だけとなります。つまり藤原氏の間でも、格差が生まれていくのです。

また、蔵人頭という役職は、公卿への通過地点、現代風に言えばキャリアパスになっていきます。蔵人頭の二人のうち、武官の近衛中将を兼ねる一人を頭中将《とうのちゅうじょう》と言い、事務官である弁官を兼ねる一人を頭弁《とうのべん》と言いますが、頭中将は摂関家の後継者と目される御曹司などが務める役職でした。もっとも、天皇の側近として働く重要な役目でしたから、蔵人頭は家柄だけでなく、有能でなければ勤まらない役職だったようです。

蔵人所は、醍醐天皇の時代に、蔵人頭の上に別当一人を置いて議政官が統制することになりましたが、その役職には大納言の藤原時平が任じられました。後に左大臣となった時平は、醍醐天皇の寵臣であった右大臣の菅原道真を失脚させる人物ですが、その後も代々の別当には藤原北家の者が任じられ、蔵人所を統制しました。

「摂関」の座と藤原氏内部の争い

蔵人所のほか、すでに述べた京中の治安維持にあたる検非違使《けびいし》、国司の不正などを監察する勘解由使《かげゆし》なども重要な令外官ですが、やはり最も権力を持ったのは、「摂政」と「関白」です。前述の通り平安中期になると、藤原氏の中でも藤原不比等の二男房前《ふささき》の血筋を引く藤原北家の当主が、天皇の幼少時であれば摂政、成人すれば関白に任じられて権力を持つようになります。

天皇の代理とも言える摂政のような役目は、もともとは聖徳太子（厩戸王）のように「王族」が務めるものでしたが、正式に官職となることはありませんでした。しかし、平安時代の八六六年に藤原北家の良房《よしふさ》が、王族ではなく臣下である貴族からはじめて摂政を務めて以後、制度化されていくことになります。

これに対し関白は、良房の子である基経《もとつね》が最初です。陽成《ようぜい》天皇の摂政だった基経に、陽成天皇が成人後も同様の役割を果たすようにと命じたことで成立した役職です。関白とは、訓読すれば「関《あずか》り白《もう》す」です。「白す」は「申す」と同じですから、天皇の相談にあずかり助言を申し上げるという意です。具体的には、天皇に奏上されるべき文書などは、その前に関白がすべて目を通すようになります。

しかし、摂関の地位は政治的に突出した重みを持つだけに、その座をめぐっては藤原北家の中でも熾烈な争いがありました。

たとえば、基経の孫である藤原兼通《かねみち》は、出世競争において弟の兼家《かねいえ》の後塵を拝していたので、村上《むらかみ》天皇の中宮だった妹の安子《あんし》に頼み込んで「関白職は兄弟の順に」という天皇の書付を手に入れました。そして、長兄で関白だった伊尹《これただ》が亡くなった時、安子と村上天皇の子である円融《えんゆう》天皇に件の書付を見せ、ようやく関白職を手に入れています。

後に、その兼通が重病に陥ったとき、弟の兼家の行列が兼通の屋敷に近づいてきました。「この数年、仲が悪いままで疎遠になっていたが、私の危篤を聞いて見舞いにきたのだな」と弟の気持ちに兼通はほろりときます。ところが行列は屋敷の前を通り過ぎて御所へ向かったと聞いて兼通は激怒します。

兼通は、すぐさま病床から立ち上がり、人に支えられながら宮中に参内します。そして天皇に拝謁し、「最後の除目《じもく》を行うために参りました」と言い、関白職を弟の兼家ではなく、従兄弟の頼忠に譲ることを奏上したのです。

北家の出身であれば、地下官人はもとより、多くの中級官人が一生をかけてもたどりつけないような官位を最初から授けられるのに、人は古来より少しでも高位へと地位を希求するようです。

もっとも、それほどまでに関白職が藤原北家の人々にとって重要なものだったとも言え、後に関白になった兼家の子孫たちの間でも、関白職をめぐる争いは続けられます。

兼家の長男道隆《みちたか》は、摂政・関白を務め、その家は「中関白家《なかのかんぱくけ》」と呼ばれ、道隆の娘である定子は、一条天皇の中宮となります。ちなみに、定子に仕えたのが、『枕草子』を書いた清少納言です。

この道隆が病に落ちた時、関白の有力候補は二十一歳の若さで内大臣となった息子の伊周《これちか》でした。しかし、伊周は強引な性格で、他の貴族たちから嫌われていたため、一条天皇は道隆の弟の右大臣道兼《みちかね》を関白に任じます。ところが、道兼はわずか七日の在職で急に没してしまいます。

このため、今度は内大臣の伊周と叔父で権大納言の道長《みちなが》が争うことになります。結果として、一条天皇の母で道長の姉である東三条院詮子《せんし》の強い推薦で、道長が「内覧《ないらん》」の宣旨を受けました。内覧とは、天皇に奏上する文書や天皇が裁可する文書を確認する権限を有する者で、関白に準ずる職務です。

その後、伊周は花山《かざん》法皇の輿に矢を射かけさせるという不祥事を起こし、大宰権帥に左遷、弟の隆家も出雲権守に左遷となり、道長は正二位・左大臣に昇り、ほぼ全権を握ることになったのです。

こうした争いがあるということは、藤原北家の内部においては必ずしもはっきりとした血筋の序列があったわけではなく、天皇やその周囲者の意向によって、かなり流動性があったことを示しています。選択の幅は北家内に限られるとはいえ、これがこの頃の政治に、ある種のダイナミズムをもたらしていたと言えそうです。

平安時代の公卿会議

令外官である摂政と関白ですが、一方で令に規定されている大臣である者が兼ねるのが原則でした。令外官を優遇しながらも、本来の律令制度もないがしろにはしなかったということです。そして、朝廷の政策審議は、摂関ではなく、左大臣を中心とした公卿たちの会議で行われていました。

この太政官のトップである議政官たちの会議は、「陣定《じんのさだめ》」と呼ばれていました。天皇の御所である内裏《だいり》の中の近衛の陣（詰所）で行われていたのでこう呼ばれたのです。そして、その日の会議を主催するものを「上卿《しょうけい》」と呼びますが、これは上席の意ではなく、議題ごとに替わるいわば担当公卿を意味する言葉です。

上卿はまず天皇の命令を受けて他の公卿に陣定の開催を通知します。つまり、陣定は天皇の名のもとに行われるのです。陣定の当日、上卿はメンバーに議題を伝えて文書を回覧させ、参議大弁（大弁を兼ねる参議）に文書を読み上げさせます。そして、一番新任の参議から順に、最後の左大臣まで全員が意見を述べます。

この時、意見が対立していても、とくに議論するわけではありません。それぞれの意見が参議大弁によって書き留められ、それを上卿が蔵人頭を介して天皇に奏聞するのです。つまり、決定を下すのはあくまで天皇です。とはいえ、陣定の意見が一致していれば、天皇もそれをくつがえしたりはしません。そのため、陣定が実質的な国政の決定機関だったと言ってもよいでしょう。

令において最上席にある左大臣は、この陣定を主宰する上卿たちの筆頭であることから「一上《いちのかみ》」と呼ばれました。摂政や関白は陣定に出席しない慣行なので、左大臣が摂関を兼ねている場合は、右大臣が「一上」を務めます。摂関は、公卿たちのトップと言うよりも、むしろ天皇に近い存在として、議政官たちから奏上を受ける側だという意識があったのでしょう。

摂関政治の全盛期をもたらした藤原道長は、四人の娘を天皇の元に入内させ、四代の天皇の外戚となって権勢を恣《ほしいまま》にします。その日記は「御堂関白記《みどうかんぱくき》」と呼ばれて、近年は世界記憶遺産にも登録されましたが、じつは道長は関白にはなっていません。左大臣と内覧を兼ねただけです。

その理由を古代法制の研究者である大津透《おおつとおる》さんは、当時の右大臣、内大臣が家格だけでなった無能な者たちだったので、「一上」として陣定で公卿たちを指揮して政治を停滞させないためだったとしています（『道長と宮廷社会（日本の歴史06）』講談社学術文庫）。

かつて、この時代の政治は、摂関家の家政機関で行われて、摂関家が政治を私していたとする見方が主流でした。しかし、現在では摂関期においても、政治を決定する場はあくまで陣定であり、議政官である公卿たちが政治の主体だったというのが定説になっています。このため、道長が政治の実質を重視して、関白にならなかったのだと見る大津さんの説には、とても説得力があります。

つまり、摂関家の政治力が大きかったことは言うまでもありませんが、それでも必ずしも摂関家の専横だけで政治が動いていたわけではないということです。歴史は、下層にいた人たちを色眼鏡で見ないのはもちろん、同様に上層にある人たちの言動も冷静に見つめることが必要です。

公家の昇進願望

さて、宮中の人事は、具体的には位階を定める「叙位《じょい》」が正月五日、官職に任じる「除目《じもく》」が春秋の二回行われます。春は国司などの地方官、秋は中央官庁の官人を主に定めます。

どちらも天皇の御前に公卿が集まり、天皇の脇には一上が「執筆《しゅひつ》大臣」の役目を務めます。除目では、欠員となった官職を一覧にして書いた「大間書《おおまがき》」と呼ばれる大きな書類があり、そこに新任の者の名前を一上が書き込んでいくのです。つまり官僚の人事は、主に天皇と執筆大臣を務める一上によって決定されていたのです。

叙位と除目は、もちろん多くの貴族たちの注目の的となります。それぞれが、少しでも早く昇進したいと思っていたからです。とくに中級官人である中下級貴族は、格別の優遇も冷遇もされていないだけに、地位の流動性が高く、良い官職にありつくことに熱心でした。除目の前に、自分の経歴や功績を「中文《もうしぶみ》」という官位の申請書に書いて太政官へ提出することになっていたのですが、中には自分の家がいかに困窮して苦労しているかを切々と書いたものもありました。

『枕草子』には、冬の寒い頃、中文を持って宮中を歩く四位や五位の者を描写したところがあります。清少納言によれば、まだ若々しい者は前途有望で頼もしげだが、年をとって頭も白くなった者が、手づるを求めて歩きまわり、また女房の局に立ち寄って自分の偉いことを自慢したりするが、そんな姿を若い女房たちは馬鹿にしていた、というのです。

また、『源氏物語』を書いた紫式部の父である藤原為時《ためとき》は、十年ばかりも無官で過ごしていたところ、ようやく任命されたのが希望していた越前守ではなく淡路守だったため、大いに落胆して一条天皇に無念の思いを書いた文章を提出しています。

平安時代に摂関家が権力を持ったのは、除目の時に力を発揮したからです。その推薦によって実入りの良い国の国司となって蓄財した者は、次の官職に任じられるためにまた多大な贈り物を摂関家にしています。やはり官僚制度は人事で動くだけに、人事権を持つ者の力が非常に強かったのです。

『源氏物語』のエリートたち

それでは、公家たちはどのような昇進コースをたどったのでしょうか。まず、架空の物語ではありますが、『源氏物語』の登場人物が大変参考になります。物語そのものは創作でも、書き手も読み手も当時の宮廷の人々である以上、執筆当時も高く評価されていた作品だったということは、そこに描かれる昇進のあり方などが当時の慣行に沿うもので、人の心の有り様を含めて、当時の宮廷人たちが、なるほどそうであろうと納得できるものだったはずだからです。

源氏物語で、主人公である光源氏に次いでずっと物語に登場するのは、その親友でありライバルでもある頭中将です。先に説明した通り、頭中将とは近衛中将と蔵人頭を兼任する若手エリートがつく官職です。つまり、彼は物語中で摂関家と思しき有力な家筋の前途有望な青年貴族として描かれているわけです。頭中将は、光源氏が明石で謹慎している間にさらに宰相中将《さいしょうちゅうじょう》に昇進し、権勢を誇る右大臣の四女と結婚もしています。「宰相」というのは、参議を唐風に呼んだ雅称で、こうした唐風文化による官名を「唐名《からな》」と呼びます。あの水戸黄門の「黄門《こうもん》」は中納言の唐名で、水戸《みと》光圀《みつくに》も中納言だったのでそう呼ばれた、というのは聞いたことのある方もいらっしゃることでしょう。

さて、頭中将であった彼は参議として議政官の一員となり、光源氏が明石から帰って政界に復帰して内大臣となると、今度は権中納言となり、光源氏が太政大臣になると内大臣となり、光源氏が準太上天皇とされると、その後を受けて太政大臣となります。もとは王族であることを示す「源《みなもと》」の姓を持つ光源氏の出世は、主人公でもあるためか准太上天皇となるなどフィクションの要素も強いのですが、頭中将は当時の摂関家出身のエリート貴族の昇進をそのまま背景にしていると言えます。

ちなみに、光源氏の長男である夕霧は、蔭位の制によって本来は四位で任官できたのですが、光源氏の教育方針により大学に入学して学ぶことになり、六位の大学生《だいがくのしょう》となりました。真面目な性格の夕霧は、四、五カ月で司馬遷の『史記』を読み終わり、翌年には文章生に合格して侍従になり、のちには右大臣にまでのぼっています。

ここには、当時の貴族たちの間にも、親の七光だけで昇進する人々への反発や、学問を重んじる意識があったことを示しています。

次に、今度は現実の人物で昇進を見てみたいと思いますが、やはり摂関政治の最盛期を現出した藤原道長が分かりやすいでしょう。

道長は、十五歳で従五位下に叙せられ、侍従、右兵衛権佐、少納言、左近衛少将、左京大夫などを経て、二十二歳で従三位となって公卿の仲間入りをします。兄たちや甥との間での出世競争では後れを取ったりもしていますが、やはり典型的なエリートコースを歩んできたことが分かります。

その後、道長は、参議を経ずに権中納言となります。そして権大納言に進み、前述のとおり兄の道隆、道兼が没すると、内覧の宣旨を受け、その後も右大臣、左大臣と進みます。

これに対し、道長の異母兄である藤原道綱《みちつな》の経歴を見ていきましょう。『蜻蛉日記《かげろうにっき》』を書いた女性は「右大将道綱母」とされますが、あの道綱です。

出生の順番で言えば藤原兼家の第二子である道綱は、十六歳で従五位下となり、左衛門佐、蔵人、右近衛中将を経て、三十三歳で従三位となります。三十七歳で参議となり、中納言兼右近衛大将、大納言と昇進します。やはり順調な出世と言えそうですが、大臣にはのぼれません。

本人は大臣になりたくてしかたがなく、一〇一九（寛仁三）年には、「大納言を二十年も務めているのだから、一、二カ月でもいいから大臣にしてほしい」と弟である道長に懇願しますが実現しません。それは道綱の母の家が有力者の血筋ではなかったからだと言えますが、左・右・内の三人しか定員のない大臣になるのは、摂関家の者たちにとっても狭き門だったということでもあります。

遥任と受領

摂関期の貴族たちは、官吏としてその職務に応じた給与をもらって生活していました。荘園からの収入もありましたが、それはまだ主流ではありません。官吏に与えられる給与は、租・庸・調から変化した「官物《かんもつ》」や「臨時雑役《りんじぞうやく》」と呼ばれる税が原資になっていました。

これを徴収するのは国司ですが、国司の中でも在京のままで収入を得る「遥任《ようにん》」と、実際に任国に下って行政や徴税を行う「受領《ずりょう》」に分かれるようになります。摂関期には、国司全員が任国に下るのではなく、多くは「守」の地位などに就く筆頭者だけが任国へ下り、国司の役目を果たすようになり、ある種の請負のような形をとるようになります。

上級貴族がなる遥任に比べて、受領はだいぶ差別されているようにも見えますが、じつは受領はたいへんに実入りが多く、四年の任期の間にかなりの蓄財ができ、さらに受領を何期か務めれば、相当に富裕な家になることができました。しかし一方で、そうした人々は当時でも強欲で知られ、「受領は転んでも何かをつかむ」というようなことが言われていたほどです。

受領になることが多い「守」は、位階で言えばおおよそ五位の下級貴族が任命される官です。それも、六位の蔵人や大外記、大史、式部丞、民部丞といった、中央の官庁で実務官僚として功績のあった者たちが五位に昇進すると、そこで受領に任命されるという慣行がありました。受領は、一度だけ任命される者もいれば、国を替えて何度も任命される者もいて、最終的にその蓄えた財を使って四位や参議にまでのぼる人もいました。

しかし、中央のエリート公卿たちにとっては、「守」の地位にある受領とは、成り上がりや都落ちする貴族でしかありません。

たとえば『源氏物語』には、空蟬《うつせみ》という女性が登場して光源氏と一度だけ契りを交わしますが、光源氏が空蟬を軽く扱っているように描写されています。これは、空蟬が

「伊予介」、つまり伊予国の次官国司という階層にある者の後妻だったからで、階層間の格差感覚をよく示しています。

また、光源氏が謹慎中に身を寄せた明石入道《あかしのにゅうどう》は、播磨の元国守でした。入道は大臣の子孫で近衛中将をつとめていましたが、自ら望んで播磨の国守となって国府のある明石へ下向し、任期の終わったあともそのまま明石に住みついていたのです。入道は、裕福ではあっても没落意識が強く、そのために娘である明石の君を光源氏の妻にして、ふたたび中央と関係をつけようと考えるのです。

誰が武士になったのか

受領層たちは、格式身分は低く見られていても、任国を押さえるため財力とともに軍事力も身に付けていきます。

今度は、『源氏物語』の中のいわゆる「宇治十帖」に興味深いシーンがあります。「宇治十帖」の主人公である浮舟《うきふね》は、光源氏の弟親王の三女です。しかし、母親の身分が低いために親王から認知されず、母がのちに結婚した常陸介という受領（常陸は親王任国なので、介が事実上の長官）に養われています。

この常陸介の姿を、光源氏の次男で大納言兼右大将である薫《かおる》が見かけた時の光景が、次のように描かれています。

「大《たい》したことのない女車《おんなぐるま》が一台、腰に胡《えびら》を負った荒々《あらあら》しい東男《あずまおとこ》を大勢引き連れ、下人《げにん》も数多く、頼もしそうな様子で宇治橋をこちらに渡って来るのが見えた。田舎じみた者だなとご覧になりながら、薫は先に屋敷に入った」（「宿木《やどりぎ》」）

薫のように京で育った者にとっては、受領の一行は、その目には田舎じみて異様に映るだけの集団だったのです。しかし、これはまさに一種の武士団を率いていたようにも見えます。受領たちは、この常陸介のように、従者をたくさん連れて地方と京を行き来し、その武力を背景に「官物」などを徴収して中央へ送り、貴族政治を支えていたのです。

これまで武士は、「田堵《たと》」と呼ばれる在地の富農層が、実質的な私有地である「名田《みょうでん》」を守るために武装したり、荒野を開発した開発領主が武装化したりすることによって、地方で独自に成立したものだと考えられてきました。しかし、現在では、国家との関わりを重視する説が通説になってきました。

その説による武士は、次のような流れで発生します。

まず、地方豪族である郡司や富農層の中から、調や庸を京に運ぶことを専門に代行する者たちが出てきます。彼らは、盗賊などに備えるために武装するようになりますが、ときに彼ら自身が調や庸を着服したり、皇族や貴族の私的な家人となってその背景をたのみにして受領による差し押さえから逃れようとしたりします。武力によって受領と対立し、受領を襲撃する者さえあります。

一方、もともと武装した従者を抱えている受領層ですが、盗賊化して逆らう郡司や富農層たちを鎮圧するため、受領に従う郡司や富農層の中からとくに武芸に優れた者たちを選んで動員するようになり、武士団の原形が形成されます。また、東国では朝廷に服属した蝦夷の人々を「俘囚《ふしゅう》」と呼んで、これも軍事的に動員するようになります。

非常に大まかに言えば、摂関期のころから地方の力が増進して、中央の統制が利《き》かなくなっていったということができますが、それは一気に進んだことではありません。明石入道のように、地方にいた方が裕福な生活ができるために任期が終わってもその国に居住する受領層が出てきます。地方の反乱を押さえるために中央から派遣された「押領《おうりょう》使《し》」や「追捕《ついぶ》使《し》」の中にも、そのままその地方に留まる者が出てきます。そして、じつはこうした者たちから、武士が生まれてきたのだと最近では考えられているのです。

中下級とはいえ、貴族が武士になっていくということに違和感を覚える方も多いかもしれませんが、この時代に武士として活躍するには、そもそも主力武器である弓や馬を揃えなければならないので、それなりの財力が必要な上、それを上手に扱う修練もしなければなりません。また地方では、良い弓矢や刀といった武器や馬具を入手するためには、京とのつながりが欠かせません。このように、地方豪族と中央から下ってきた中下級貴族が結びついて武士団を形成していく素地があったのです。

こうした武士層の勃興で象徴的なのが、九三二（承平元）年の「将門《まさかど》の乱」です。そもそもは、伯父である平貞盛《たいらのさだもり》らとの一族内の対立に端を発したものでしたが、常陸国の国衙を占領し、さらに一時は関東八カ国をも占領して、将門は新皇《しんのう》とまで称します。武力で国家の地方施設までも占領して朝廷の権威にまで逆らうのですから、新たな秩序、序列の萌芽だと見ることもできます。

しかし、将門の祖父は王族の高望王《たかもちおう》ですから、ルーツは京にあります。高望王は、宇《う》多《だ》天皇から平姓を賜って王族から臣下になって平高望となり、上総介の官職を得て現在の千葉県へ赴任し、任期が終わっても帰京せずに関東の在地勢力と縁を結びます。将門の父親である良将は高望の三男として京で生まれ、父親の高望について関東へ下向します。そして、受領層から下総国で在地化したと思われる家筋の娘と結婚し、そこで生まれたのが将門でした。

中央政府は、将門の反乱に対して、それに荷担していない平貞盛や藤原秀郷《ひでさと》ら関東に土着して武士化していた一族の者たちをそれぞれ常陸掾、下野掾などに任命します。掾は国衙の三等官ですから、彼らを官僚化したうえで、その国の軍事力を動員できる権限を持つ「押領使」も兼務させ、将門鎮圧に向かわせたのです。乱を鎮圧した後、傍流ながら藤原北家の血を引く藤原秀郷は従四位下となって下野、武蔵両国の国守に任じられ、平貞盛は従五位上となって右馬助に任じられました。つまり、将門の乱は、戦闘の実態としては、受領層から武士化した者たち同士の争いだったのです。

そして、この将門の乱と前後して西国では、伊予掾だった藤原純友《すみとも》が海賊を引き連れて「純友の乱」を起こします。将門の乱と合わせてその年号から「承平《しょうへい》・天慶《てんぎょう》の乱」とも言われます。純友の乱以前から、西国ではすでに海賊が横行していたようですが、この海賊も元は地方で徴発した税を京へ運ぶ者たちでした。

中央で政権を握る上級貴族たちは、承平・天慶の乱に限らず、各地の反乱には中下級貴族をその地の警察権や軍事動員権を持つ押領使や追捕使といった令外官に任命して地方へ派遣します。そして彼らは、受領の指揮下にある武芸に優れた在庁官人たちを動員して、反乱を鎮圧したり海賊を捕らえたりします。

つまり、武士階層は、守や介や掾などの国衙の官職や、押領使、追捕使といった中央から臨時に任命される軍事的な官職によって国家から公認され、成長していったのです。もちろん武士となった個々人の中には、武芸に優れた地方の郡司や富農層も多いわけですが、武士を誕生させたのは国家の官僚制度だったと言っていいでしょう。

こうして受領層が在地に根付いて武士団を率いるようになるわけですが、今度は中央の上級貴族が彼らの実力を頼むようになり、京へ呼びよせて御所や自身の身辺の護衛などを命じるようになります。武士が「侍《さむらい》」とも呼ばれるのは、中央貴族に「侍《さぶら》う」、つまり近侍してその身を警護する者だったからです。

こうして、律令制はその形式は保ちながらも、とくに地方の政治が変質していくことで、その実質を失っていくのです。

第二章　血筋から実力の世へ――中世

1　院政と私的主従関係

中国の制度に倣って成立した律令制国家は、平安時代に日本の社会に適合した制度に作り替えられてきました。そこで序列や格差を生む主な因子は、天皇や有力氏族のトップにどれだけ近い血筋を持つか、どれだけ出身の氏族、血族が有力かというものでしたが、摂関期に地方の統制が緩むことで、騒乱などを現実的に鎮めることができる「実力」が評価されていくことになります。

しかし、その実力も無原則に用いられたわけではありません。そこにはどんな論理が作用していたのでしょうか。

中央官庁の変質

中世史家の佐藤進一《さとうしんいち》さんは、その著書『日本の中世国家』（岩波現代文庫）で、摂関期の国家の姿を「王朝国家」と呼び、「中世国家の第一の型」であるとしています。現在の歴史学では、摂関期に続く院政期からを中世とする考えが主流ですが、前章で見てきたように、古代国家を形作っていた律令制が、徐々に令外官などを用いて日本独自のものに移行し、その国家制度が摂関期において完成して中世が始まった、とする佐藤さんの説にも非常に説得力があります。

しかし、その摂関期の体制は、前章で見てきたようにだんだんとそのままでは維持できなくなっていきます。一つが前章で触れた武士たちの勃興、もう一つが中央官庁の組織の変質と「家職化《かしょくか》」で、その両者を支えにしたのが「院政」です。

家職化については、行政事務の専門性から、実務官人が世襲化していくことはすでに述べましたが、たとえば弁官局では小槻《おづき》氏、外記局では清原《きよはら》氏、中原《なかはら》氏といった一族が、それぞれの局のトップのポストを握り、その業務を主宰するようになります。そして、次第にその局の上級職から下級職までの全てをその氏族で独占するようなことも起こります。

このように、特定の氏族が、ある官庁の業務を請け負うようになることを、「官司請負制《かんしうけおいせい》」と言います。官庁の経済的基盤は、その官庁に付属した職田にありました。職田によりその業務の経費を賄ったうえで、余剰を氏族の収益とすることを狙ったのが官司請負制です。本来は誰でも任命される公的な官職や、それによって得られる財産であったものが、特定の氏族の家業となり家産になっていったわけです。

そもそも中国の律令に倣って作った二官八省という行政組織は壮大に過ぎ、それまで氏族を中心として政治を行っていた日本の実情には合わないものでした。

実際、当時の国政の大半は、大臣から参議までの議政官と事務機構である弁官局や外記局で行われるようになります。たとえば、京の警察、裁判、行刑などの業務の多くは議政官が別当をつとめる検非違使庁に吸収され、六衛府や刑部省などは、その実質をほとんど失っていき、近衛府などは儀式のためだけにあるような組織になります。

そして、地方においても以前と同じく国司は置かれていましたが、前章でも見てきた通りその実質的な行政は受領による請負となり、旧来の国衙の官僚機構も機能しなくなります。

ただし、地方行政を担うようになった受領には、六位以下の下級官人から昇進するコースがあり、誰を受領に任命するのかも、いまだ議政官で決めていました。もとより議政官を頂点にした序列や昇進のシステムも機能していたのですから、中央では従来の律令官制がまだ十分に機能していたということもできます。

つまり、劇的な響きが良いためか、何かと崩壊、破綻という言い方が歴史学でなされることがありますが、多くは移行、変容、変質といったもので、それこそ革命でも起きない限りは、急に何かが機能、作用しなくなるということは、じつはさほど多くないと言えます。

知行国と荘園

しかし、律令を建前とした地方支配が力を失っていったことは確かです。律令制による国司制度は名ばかりとなり、すでに触れた受領制度のほかに、平安時代の中期から後期にかけて「知行国制」と呼ばれる制度が成立していきます。

本来、国司などの地方官が官物、雑役、封物などの税を徴収してこれをきちんと中央に納めていれば、公卿を始めとする京官たちの給与もそれによって支給することができるはずでした。ところが、次第に中央政府の財政運営が困難になり、また一方で受領になると多額の収益を得ることができるという状況があるので、皇族や公卿などに対して特定の国の収益を与える制度が考案されました。

しかし先に述べたように、上級貴族たちにとっては、五位の位階に相当する受領などは自分たちが任命されるべき官職ではありません。そこで、上級貴族たちには特定の国の受領を任命する権利を与え、受領から得られる収入を一種の封禄として受け取ることを認めたのでした。

少し乱暴な比喩かもしれませんが、会社組織として商売が上手くいかなくなり、社長が役員たちに、給料を払えなくなったので、設備は貸してやるからそれで稼げ、誰に担当させるかも勝手に決めていい、というのに近い構造です。

これが「知行国制」で、知行国を賜わる上級貴族を知行国主、知行主などといいますが、彼らは自分の近親者などを国守として申請し、それが自動的に認められるのです。そして、任期の四年間は、その国守自身やさらに国守が私的に現地へ派遣する「目代《もくだい》」などを通じて税を徴収しました。当然、知行国制でも地方で集めた税は中央に納めなければなりませんが、税の中から国守としての俸給分は控除できますし、また税を余分に徴収して自分の収入とすることも考えられます。

この知行国制度と前後して大幅に増加していくのが荘園です。これは地方の有力者が、その支配する土地を院や摂関家などの有力者に寄進して、実質的にはその有力者自身が荘官としてその土地を支配することを狙ったものです。荘園には、国司や受領の支配が及ばなくなり、またしても国家としての税収は減り、一方で上級貴族たちは荘官から上納される貢物を大きな収入源とするようになりました。

売り買いされる官位

こうして律令制によって整えられた国家制度はどんどん変質していき、序列制度も弛緩していったのですが、その象徴的な例として、平安中期頃から制度的に行われるようになった「成功《じょうごう》」と呼ばれる売位・売官について紹介したいと思います。

「成功」とは「国家に功を成す」という意味ですが、御所や寺社の造営、また朝廷の諸行事などの費用や労働力を提供する代わりに、位階や官職を与えられることを言います。さらに大規模な事業を引き受ければ、官位どころか知行国主にさえなることができました。

知行国制や荘園の拡大によって諸国から納められる税が減少し、朝廷の行政や諸行事の経費は慢性的に不足するようになります。そのため、官位を売ることによって、その不足を補おうとしたのです。これはまた、平安中期ごろから地方がどんどん力をつけていったということでもあります。

後に鎌倉幕府が成立すると朝廷の収入はさらに激減しますが、そのために成功はますます一般化するようになります。成功という手段は、これが多用されれば結果として官位の価値も下がって意味を成さなくなるはずですが、それでもこの制度が続いたのは、官位を尊ぶ地方の人々の意識と、そんな形で収入を得てでも、宮中儀式だけは絶やすまいとする公家社会の観念が、依然として残っていたためでしょう。

森鷗外の『山椒太夫《さんしょうだゆう》』は、中世芸能の説教節《せっきょうぶし》から翻案したものなのですが、あの山椒太夫の「太夫」という呼び名こそ成功によるもので、「大夫《たゆう》」とは五位の者の唐名です。本来は「大夫」なのですが、これが「太夫」と誤用されたものが慣用化したようです。小説は、平安末期が舞台で、主人公である安寿と厨子王の幼い姉弟は陸奥国掾の子供です。姉弟は、筑紫国へ左遷されてしまった父親に会うために、母とともに旅する途中で、騙されて人買いの手に落ちます。そして、姉弟を買い入れてこれを酷使するのが山椒太夫でしたが、原話の説教節でも丹後国の強欲な有力者「さんせう大夫」として描かれています。

つまり、大夫の位を成功で手に入れるのは地方の有力者や京で商売などで財を築いた者たちだったのでした。また、後にはこれが起源となって、ある集団の主だった人物を「大夫」とか「太夫」と呼ぶ慣習が生まれます。江戸時代の遊廓では最高級の遊女が「太夫」と呼ばれましたが、これもまさしくその名残なのです。

院政という大転換

さて、平安時代末期には、知行国や荘園の拡大によって、全国の土地が知行国主や荘園領主の私的財産のようになっていったわけですが、その最大の知行国主となり、荘園領主となったのは、天皇の座を次代に譲った「太上天皇（上皇）」です。上皇の居所を「院《いん》」と呼ぶことから、上皇自身も院号をつけて呼ばれます。ちなみに「院」とは、もともとは四方を垣根で囲んだ場所を指す言葉で、寺「院」などの他、奈良の正倉「院」などもそれです。

しかし、日本のすべての土地は天皇のものであるという律令制の公地公民の原則から見ると、もとは天皇であった上皇のもとに上皇領が成立するということは、かなり奇妙なことに思えます。もっとも、地方の国衙から中央へ送られる税が減少してくると、国家機能を従来通りに回復しようとするより、こうした形で皇族の収入を確保する方が、現実的な対応だったということでしょう。

しかし、こうした構造変化は、天皇の一族も一つの「イエ」になってしまったと言え、これまでの天皇という存在の理念上、じつに大きな意味を持ちます。知行国主となった院は、「院近臣《いんのきんしん》」と呼ばれる側近を多く受領に任命し、これが院政の経済的、人的な基盤となります。そして、院が力を持つにしたがって、国政も院が行うようになります。この院が行う政治を「院政」と呼ぶのは当時の言葉ではなく歴史用語ですが、当時でもその政庁は「院庁《いんのちょう》」と呼ばれました。そして、太政官の機構を通さずに、ここから院の命令書である「院宣《いんぜん》」や、院の近臣となった者たちが院に代わって出す「院の下文《くだしぶみ》」が発給されて、それが国政を動かします。このため、院は「治天《ちてん》の君《きみ》」とも呼ばれました。

院はまた、私的に有力な武士と主従関係を結び、軍事的にも権力を固めます。彼らの多くは、清和天皇の血を引く「清和源氏《せいわげんじ》」、あるいは桓武天皇の血を引く「桓武平氏《かんむへいし》」と呼ばれる受領層から武士化した一族で、その中でもとくに有力な者は「武家《ぶけ》の棟梁《とうりょう》」

と呼ばれました。

武家の棟梁たちは、各地の反乱を鎮めるなど院政を軍事的に支えた貢献によって、高い官位を得て朝廷でも重きをなして知行国主にもなるなど、政治力も持つようになります。この代表が清和源氏の中でも河内《かわち》（大阪府南部）に勢力を張っていたことから「河内源氏」と呼ばれた一族の源義朝や、桓武平氏の中でも伊勢《いせ》（三重県北部）などに勢力のあったことから「伊勢平氏」と呼ばれた一族の平清盛《きよもり》だったわけです。

さらに、皇族、摂関家、武家の棟梁、それぞれの階層でその主導権を巡る争いが起きると、相互に私的主従関係によって連携した内乱が行われます。もちろん、そこで決定的な役割を果たしたのは軍事力を持つ武士たちです。平安時代中期までの内乱で動員されていたのは公的な軍事力でしたが、それが院や摂関家の私兵となっていた武士たちに代わったのです。

平氏の勃興と終焉

こうした内乱の代表的なものが、一一五六（保元元）年の「保元《ほうげん》の乱」で、さらに院の近臣同士が主導権を争った一一五九（平治元）年の「平治《へいじ》の乱」があり、この二つの内乱で続けて勝者となったのが平清盛です。とくに、他を圧倒する軍事力を持つに至った清盛と平氏一門は、多くの国の知行国主、高位の官職を一族で占め、治天の君である後白河院の権力をも凌駕するほどになっていきます。

伊勢平氏は、清盛の祖父である正盛《まさもり》の時代に白河上皇に仕え、検非違使や追捕使をつとめて武家の棟梁と認められるようになり、さらに父親の忠盛《ただもり》も白河院、鳥羽院に仕え、その功績によって内裏への昇殿を許され、最後は正四位上まで昇進します。そして清盛は、平治の乱後に正三位を与えられ、五十歳で従一位太政大臣にまで昇っています。桓武天皇の血を引いているとはいえ、もはや血筋ではなく、実力で宮中内でも地位を上昇させることができたのです。

混乱期には序列が緩み、実力で格差が突破できる一例だと言えるでしょう。

あの『平家物語』が、そんな平家一門の興亡を批判的に描いているのは、皆さんも歴史だけでなく古典の授業などでもご存じの通りです。旧来の序列では高位にいた当時の知識層である貴族や貴族出身の高僧たちが、急激に旧来の序列を乗り越えた平氏一門の勃興を快く思わなかったのは、当時の常識としては当然だったのですが、国家制度の穴を埋めたのが清盛や平家一門であったとも言えます。

しかし、最終的にこの平氏政権も長くは続かず、関東の武士の力を糾合した源頼朝が「治承《じしょう》・寿永《じゅえい》の乱」、いわゆる源平合戦に勝利して、名実ともに武士の政権が生まれます。

律令制度によって確立した中央官庁による全国支配は、現代の行政組織や官僚制に通じる外観と内実を持っていました。しかし、それはやはり中国からの借り物で、日本の実情に合わせて制度設計されたものではありません。そのため、律令制の形は温存しながらも、令外官や受領制度、知行国制度、荘園制度などによって国家制度の日本化が図られていったのです。しかし、この流れと並行するように、中央政府が弱体化して地方がより力を強めると、もはや朝廷による全国の中央支配は続けられず、地方で力をつけていた武士による統治が始まるのです。

2　鎌倉武士たちの官僚制

東国に成立した武家政権である鎌倉幕府は、朝廷にかわる全国支配のための組織を作っていきます。前出の佐藤進一さんは王朝国家に続く、「中世国家の第二の型」と位置づけていきます。しかし、律令国家や王朝国家の支配体制に比べて、鎌倉幕府の政治組織は、著しく簡素なものでした。その支配は、どのような論理に基づくのでしょうか。学校の歴史授業などでは、なかなかすっきりした説明がなされなかったと思いますが、キーポイントは前項でも登場した「私的主従関係」です。

小規模な政治機構

鎌倉幕府の政治機構は、日本史の教科書などにある次頁のような図解の通り、非常に単純で小規模なものです。

このうち、源頼朝の元にもっとも早く設けられたのが「侍所《さむらいどころ》」です。これは「御家《ご け》人《にん》」の統制をする軍事機関で、平時には鎌倉市中などの警察的役割も果たします。御家

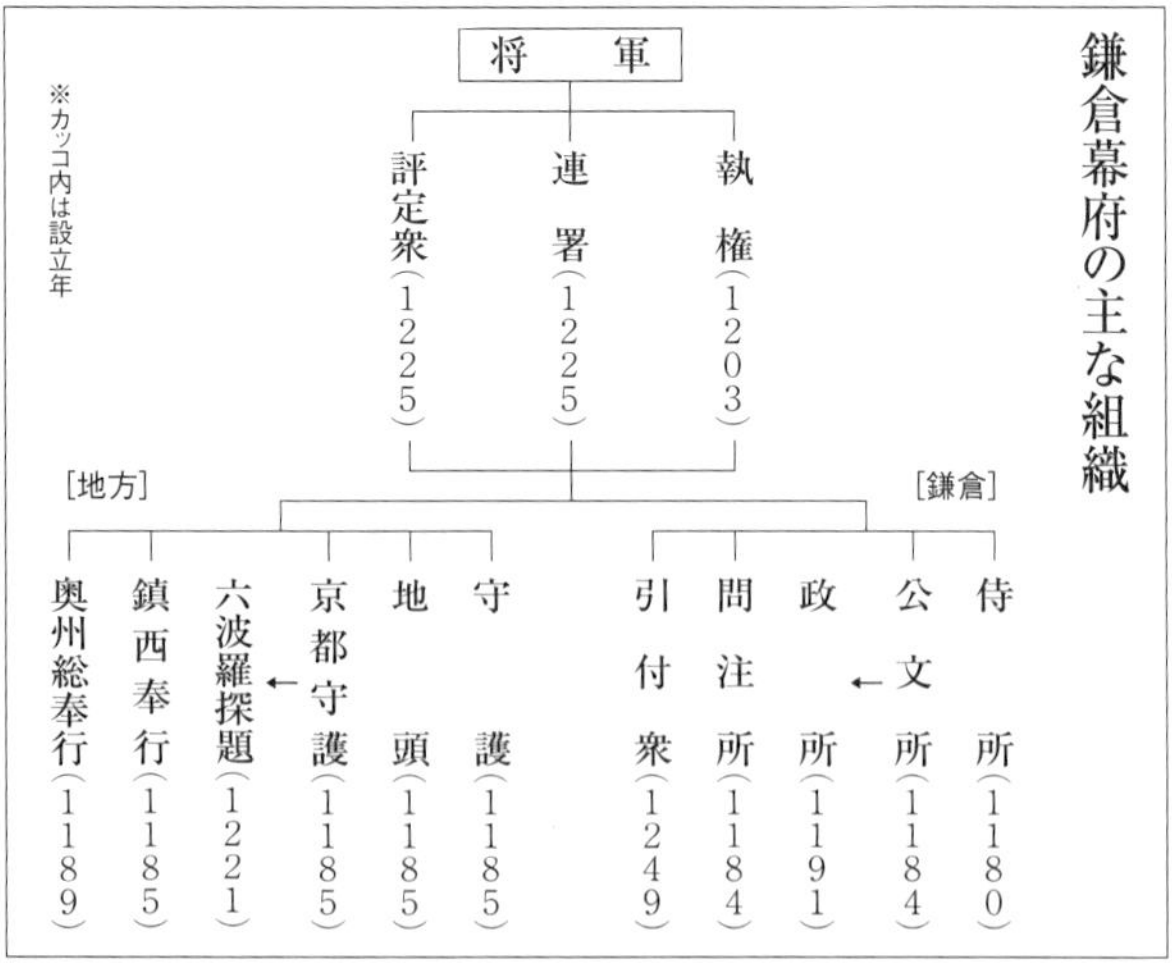

鎌倉幕府の主な組織

人と言うのは、家来の意である家人《けにん》という言葉に、将軍である頼朝への敬意からその直臣たちに「御」を付けただけで、それ以上の意味はありません。つまり、侍所は頼朝の直臣である武士たちを統制する機関です。あくまでも根本は私的主従関係で、この時代には頼朝には仕えず、摂関家や有力寺社に仕える非御家人の武士もいくらでもいたのです。侍所は、有力御家人が「所《しょ》司《し》」と呼ばれる役について運営し、所司たちの筆頭者は別当と呼ばれました。

次に設けられたのは、初期には「公文《くもん》所《じょ》」、後には「政所《まんどころ》」と呼ばれるようになった機関です。しかし、公文所も政所も鎌倉幕府が独自に創案した組織ではありません。これは、律令制によって親王家や公卿の家に設けられることを許されていた組織です。役割は、それぞれの家の財産管理などの家政ですが、朝廷からそれを担当する官人とその給与が支給されるのです。「家令《かれい》」「家司《けいし》」「執事《しつじ》」などと呼ばれる役をつとめる中下級貴族などの他、親王、公卿の身辺護衛や使いをする「帳内《ちょうない》」「資人《しじん》」と呼ばれる者たちも派遣されます。そして、家令たちが執務する事務所を政所と称したのです。

こうした有力貴族の家の政所は、知行国制や荘園制が発展するとその管理の役割のために重みを増し、家司をつとめる中下級貴族は摂関家や院の私的従者のようになっていきますが、そもそもは家政機関にすぎなかったのです。同様の家政機関は四位以下の貴族の家にもあり、それは公文所と呼ばれていました。

つまり、頼朝がまだ三位の位階を授けられる前は公文所で、頼朝が右近衛大将に任じられたので政所と称するようになったのです。そして、鎌倉幕府の政所は「関東御領《かんとうごりょう》」と呼ばれた将軍の直轄領の管理や将軍家の財政、幕府の置かれた鎌倉市中の行政などを担当しました。ようするに、鎌倉幕府の政治は、頼朝の家の家政として始まったのです。それが、頼朝が公的な役割を果たす存在になったので、その家政機関も公的機関になり、御家人たちも公的な役割を果たすようになっていった、と捉えればいいでしょう。

そんな成り立ちですから、頼朝の周囲にいた鎌倉時代初期の御家人たちに国政の経験があるはずもなく、公的な行政経験を持つ人材が希求されました。そこで、多くの実務官人が頼朝の要請に応えて京から鎌倉へ下ります。これを「京下《きょうくだ》り官人」と呼びます。

軍事機関である侍所は御家人たちが運営しましたが、行政機関の実務を担当したのは、京下り官人である大江《おおえ》広元《ひろもと》や三善《みよし》康信《やすのぶ》といった人々です。

政所の別当となった大江広元は、もとは太政官の外記局に務める官僚で、従五位上まで昇進していましたから、有能な官僚だったと思われます。しかし、朝廷での出世はせいぜいそこまでですから、新しく政府ができた鎌倉に希望を持ったのでしょう。当時、政所別当には同時に複数の者が任じられましたが、大江のほかは北条氏などの御家人＝武士ですから、広元は幕府の事務官僚のトップに立ったことになります。

御家人の訴訟を担当する「問注所《もんちゅうじょ》」の長官である執事になったのは三善康信です。康信は、大学寮で律令制度を教える「明法家《めいほうか》」を代々務める三善家に生まれ、太政官の史になって正六位上まで昇進しています。母の姉が頼朝の乳母だった関係で、頼朝が伊豆に配流されて不遇であった時期から連絡を取り合っていて、一一八四年に頼朝の要請によって鎌倉に下向し、その年に問注所が設けられるのです。

こうした人事からは、武士では実務が困難な政治や裁判などに、朝廷の中下級官人が活用されたことがわかります。しかし、その政治機構が、家政機構をもとにしたものでしかなく、実務も朝廷の中下級官人に頼っていたということは、その政治のあり方は朝廷に倣うほかなかったことも示しています。

執権の地位と時代の制約

鎌倉幕府の実権を握ったのは、よく知られるように「執権」です。

一二〇三（建仁三）年、頼朝の妻政子の父である北条時政が政所別当となり、執権となったのが最初で、複数が任命される政所別当の中でも最有力の御家人がなる役職だったと言うことができます。

政所別当というのは、すでに述べた通り将軍の家政機関の長官ですから、執権は将軍家の家司の代表者ということになります。つまり、あくまで将軍の存在を前提とし、その家来として政治を行う立場でした。

ところが、頼朝亡き後、二代将軍頼家《よりいえ》が御家人たちの反発を買い、伊豆の修善寺に押し込められた後に暗殺され、その後を継いだ三代将軍実朝《さねとも》が頼家の子公暁《くぎょう》に刺殺されると、源氏将軍の血筋は絶えます。

こうなると、源氏将軍に代わって北条氏が将軍になってもよさそうですが、ここに時代の制約があります。当時の常識では、いくら実力があったとしても、伊豆の在庁官人でしかなかった北条氏が、他の御家人たちの上に立って主君になるなどということは考えられなかったのです。これは御家人たちだけでなく、北条氏自身でさえ思いもよらなかったことだと言えます。つまり、実力によって、朝廷による政治を翻してきた武士たちでも、まだ相当に律令的序列意識の中にあったということです。そして、こうした意識は、一朝一夕では変わることはなく、それが変わるにはとても長い時間がかかります。

このため、鎌倉幕府の御家人たちは、源氏将軍に代わって、京の摂関家から九条頼経を将軍として迎え入れます。頼経は、頼朝の同母妹の曾孫という血筋でもあったので選ばれたのですが、いわばお飾りの将軍ですから、実質的には執権が幕府の最高権力者となり、政治の実権を握っていくことになります。

制度の上では、執権は北条氏でなくても、将軍家の御家人であれば就任は可能なはずですが、執権職は北条氏が世襲し、一二一三（建保元）年に侍所別当の和田義盛《わだよしもり》が和田合戦で北条氏に敗れて滅亡すると、政所と侍所の別当を北条氏が独占するようになります。

また、一二二五（嘉禄元）年に「連署《れんしょ》」という役職が置かれます。これは、執権の発給する文書に署名を連ねることから名づけられたもので、いわば次席の執権ですが、これも北条氏が代々つとめていきます。

幕府を支えた京下り官人

ただし、いくら北条氏が執権、連署を独占しても、それは御家人の中の第一人者にすぎず、御家人たちの主人である将軍とは違い、御家人に対する権威に欠けるところがありました。そこで設けられたのが、有力御家人と京下り官人による合議機関である評定衆です。

評定衆の原形ができたのは、源頼朝が没した一一九九（正治元）年です。それまで御家人たちの訴訟は、頼朝が直断することになっていました。だとすれば、家督を継いで二代将軍となる頼家がその権限も引き継ぐはずですが、家督相続早々に、頼家は訴訟を直断することを停止されます。

そして、訴訟に関しては、北条時政・北条義時《よしとき》・大江広元・三善康信・中原親能《ちかよし》・三浦義澄《よしずみ》・八田知家《はったともいえ》・和田義盛・比企能員《よしかず》・安達蓮西・足立遠元《とおもと》・梶原景時《かげとき》・二階堂行政《ゆきまさ》ら十三名が合議して決定することになったのです。このうち、前出の大江、三善の他、中原、二階堂が京下りの実務官僚です。

最終的な決定は、頼家に委ねられていたとされるので、経験に乏しい頼家の代理として、有力御家人と実務官僚がその役割を果たそうというものだったのかもしれませんが、この制度は三代将軍実朝の時代にも引き継がれます。

実朝が没した翌々年の一二二一（承久三）年、将軍空位の間隙をついて後鳥羽上皇が倒幕を企図して起こした承久の乱があり、その後の一二二五（嘉禄元）年に、三代執権の北条泰時は有力御家人から十一人を選んで評定衆としました。そして、評定衆は合議機関からさらに将軍が持っていた裁断権も握る鎌倉幕府の最高意思決定機関となり、後には政所や問注所も、評定衆の下に置かれるようになりました。

鎌倉時代の初期には内乱も多く、その度に北条氏はライバルとなる有力御家人を滅ぼしていくので、北条氏は早い時期から幕府の権力をほぼ独占しますが、それでもなお、幕府の決定には他の有力御家人たちにも発言権があるものと理解されていたわけです。

また、五代執権の北条時頼は、御家人同士、あるいは「本所《ほんじょ》」「領家《りょうけ》」と呼ばれた荘園主と御家人の訴訟を扱う「引付《ひきつけ》」という部署を設置しました。引付の長官である引付頭人は、評定衆の一人が兼ねることになりますが、実際には引付の頭人も北条氏の一門がつとめていきます。また、実務をこなす引付衆は、評定衆の補佐として訴訟を迅速に処理するよう準備する役目を果たしますが、やはり二階堂氏など京下り官人が任命されました。

王朝も支えた守護・地頭

鎌倉幕府の地方官は「守護《しゅご》」と「地頭《じとう》」です。

文治元年（一一八五）、頼朝の弟義経が、後白河法皇に頼朝追討の宣旨を出させて挙兵した時、頼朝はこれに対抗して北条時政を京に派遣し、逆に義経・行家を探すために全国へ「総追捕使」「地頭」を任命する権限を後白河法皇に認めさせます。そして、これに任じられたのが、頼朝の私的従者である御家人たちだったわけです。

従来、鎌倉幕府の成立は、頼朝が征夷大将軍に任じられた一一九二年だとされてきましたが、一一八五年に頼朝が得た任命権限をもって幕府が成立したとみなすのが、近年では一番有力な説です。

その当否はさておいても、国政上それだけの重要性をもった措置であったことは確かで、義経たちが滅びた後は必要がなくなるはずのところ、この任命権限がそのまま頼朝の下で存続し、制度化していきます。序列が固定化すると格差になるように、物事が慣習化すると、ついには制度化していくことが歴史上は往々にしてあります。

総追捕使の名称は「守護」と変わり、その任務は謀叛人などがあった際、その国の武士たちを指揮して追捕するというものです。そのため、荘園・公領を問わず、田一反あたり五升の兵糧米の徴収権と、諸国の在庁官人や荘園を現地で管理をする「荘園下司《げし》」などの支配権が与えられました。守護は世襲ではなく、数年で交代させることも多かったので、幕府の広域支配権を担った官僚だったと言ってもよいでしょう。

これに対して「地頭」は、諸国の公領や荘園ごとに置かれました。地頭の任務は、現地の治安を守る警察的な業務や、年貢の徴収と管理です。その代償として、年貢の一部が地頭の取り分となりました。地頭も幕府に任命されるものですが、これは将軍家から御家人へそれまでの奉公に対する恩賞として与えられるものなので、地頭職はその御家人の家産となります。地頭は現地に根付いて、勧農なども行って農地を広げるなど、地域の支配者として成長していきます。このため、地頭は自律性が高く、幕府の官僚と言うことは難しい存在です。

地頭が幕府によって作られた制度であることは確かですが、見方を変えれば、これは朝廷の財政基盤となる公領や荘園を管理する役目なので、地頭がかなりの得分を得るとはいえ、年貢を滞りなく納めて寄与したからこそ、荘園領主である院や摂関家などはそれまでの家領を維持できたのだとも言えます。

また、現地の治安維持も、本来は荘園領主や国司が行う業務ですが、もはや名目だけの国司たちには、これに対処する力がほとんどなくなっていました。それが地頭になった武士の軍事力によって、荘園公領制という朝廷による土地支配体制が、鎌倉時代を通じて維持存続することができたのです。

鎌倉幕府の官僚制が簡素なのは、このような在地の支配システムも大きな理由です。それぞれの地域で基本的な支配システムが完結し、幕府は紛争の処理などだけすればよかったのです。

鎌倉幕府の基盤となった守護や地頭の任免権の移管は、後白河法皇が最初はいやいやながら認めたものでしたが、広い視野で見れば、鎌倉幕府がしていたことは、朝廷が運営していた王朝国家の支配体制を補完するものでもあったわけです。

このため、鎌倉時代の朝廷と幕府の関係を、幕府が朝廷の持っていた軍事的な機能を果たしていた「権門《けんもん》」の一つでしかない、とする見方もあります。権門というのは、摂関家や寺社など、特権を持った門閥や集団を指す言葉ですが、中世にはさまざまな権門が、王朝国家の体制の中で相互に牽制も協力もしていて、鎌倉幕府がすべてを支配していたわけではないという見方です。歴史学では「権門体制論」と呼ばれている説ですが、こうした見方も十分に説得力があります。

もっとも、承久の乱における朝廷側の敗北以降、鎌倉幕府が朝廷への監視機構として「六波羅探題」を置き、天皇位の継承にも幕府の意向が反映されますから、国政の主導権が幕府にあったことも確かです。

専門家の間にも見解の差があるのですが、幕府が全国の支配権をすべて握ったように見えても、そこには王朝国家の論理が変形しながらもまだ生命力を保っていた、という視点は大切です。

内と外の論理

北条氏が数々の内乱に勝利し、その権力基盤を固めると、八代執権の北条時宗のころには、北条氏の宗家の当主である「得宗《とくそう》」に権力が集中してしまいます。執権も単なる北条家内のポストの一つの様になり、得宗と執権に別の人物がつくことも珍しくなくなります。つまり、幕府の権威を得宗の権威が超えてしまうのです。

五代執権の時頼のころから、幕政の運営は、北条家一門や一部の有力御家人などを得宗の私邸に集めて開く「寄合《よりあい》」で行われ、正式の最高意思決定機関であるはずの評定衆は、寄合の決定を追認するだけの形式的な存在になっていきました。そして時宗のころになると、この寄合には得宗家の家来である「御内人《みうちびと》」も参加するようになります。

「御内」とは、本来は屋敷の内部を指し、ここから自分の家族や家来を指すようになり、現代の「身内」にもつながる言葉です。得宗家の御内人には、御家人の身分を持つ者も、非御家人の者もいますが、全員が得宗の意向次第で動く存在です。

ちなみに、御内人に対し、「外様《とざま》」という言葉もありました。北条一族ではない御家人たちを指す言葉ですが、敬称の「様」をつけているように、侮蔑的な意味はありません。しかし、私的主従を基本としたこの時代、まして戦闘を生業とする武士にあっては、誰が身内であるか、内と外の概念が強く表れてきたことは見逃せません。

得宗家の執事をつとめる御内人の筆頭者は、「御内頭人《みうちとうにん》」とも呼ばれましたが、執権北条時宗のもとで御内頭人であった平頼綱《よりつな》は、一二八五（弘安八）年に有力御家人の安達泰盛と争った「霜月騒動《しもつきそうどう》」で、これに勝利するほどの力がありました。

考えてみれば、国家＝天皇であった律令制下では、臣下たちを内と外に分ける必要もなく、上下関係だけがあればよかったのです。皇族や貴族も私的な使用人を抱えてはいましたが、それは力を持つ存在ではありません。ところが、中世になって私的主従関係の論理が強まってくると、その主従関係の内側と外側が区別されるようになるのは、自然な成り行きです。それが鎌倉時代の中期には、鎌倉将軍の家人に過ぎない北条氏が、その身内だけで政治を行うようになったのです。

皇統の分裂と北条氏の最期

鎌倉幕府が滅びる原因としては、さまざまな原因が挙げられますが、あまりにこの身内の力が幕府内で強くなり過ぎ、政権への求心力が落ちていたことも大きな原因の一つと言えます。北条氏の政治体制を歴史用語で「得宗専制政治」などと呼びますが、全国の守護の半分以上を北条一門が占めるようになるのです。

しかし、幕府倒壊の直接の引き金になったのは、じつは幕府の内部とは直接関係のない朝廷内の争いでした。

朝廷の政治は、鎌倉幕府の成立後も、基本的に治天の君である院が主導するものでした。院が同時代に複数いる場合でも、治天の君となるのは一人なのですが、鎌倉時代中期に後嵯峨院が亡くなると、天皇家の血統が後深草《ごふかくさ》院とその弟である亀山《かめやま》天皇の二つに分かれて、皇位の継承と治天の君の座を争うようになります。そして、双方が幕府の承認を得ようとした結果、幕府は両方の血統から交替で皇位につかせるという仲裁をします。

これ以後、皇統が二つに割れ、荘園なども別々に管理することになり、双方の院御所のある地名などをとって、後深草側を「持明院統《じみょういんとう》」、亀山側を「大覚寺統《だいかくじとう》」と呼ぶようになります。また、交代で皇位に就くことを「両統迭立《りょうとうてつりつ》」と言いますが、「迭」の字には入れ替わるの意があります。そして、この後は六代にわたって迭立が続くのです。

ところが大覚寺統から皇位に就いた後醍醐《ごだいご》天皇は、父親で治天の君であった後宇多《ごうだ》上皇が亡くなると、天皇の直裁による政治である「親政」を始めて天皇の権限を強め、自分の血筋で皇統をつなげようとします。

しかし、それには両統迭立を支持する幕府と対立せざるを得ず、後醍醐は密かに討幕を企図します。一三二四（正中元）年、「正中の変《しょうちゅう》」と呼ばれる最初の試みは事前に計画が六波羅探題に漏れて失敗し、一三三一（元弘元）年の「元弘の変《げんこう》」にも失敗し、結果として後醍醐天皇は隠岐島（島根県）へ流され、持明院統から光厳《こうごん》天皇が即位します。

ところが後醍醐は、隠岐から脱出してさらに全国各地へ討幕を呼びかけます。鎌倉幕府の権威に従わないことから当時「悪党《あくとう》」と呼ばれていた新興の武士団の楠正成《くすのきまさしげ》らを味方につけ、さらに足利高氏（後に尊氏）、新田義貞といった有力御家人も幕府から離反して、一三三三（元弘三）年に北条氏は滅び、鎌倉幕府も倒れました。

皇統の争いが政治を動かし、北条氏の偏った身内の論理による内外の格差がもたらした失政が、幕府倒壊を決定的にしたとも言えるでしょう。

3　朝廷権威の失墜と室町幕府

後醍醐天皇は、倒幕の兵を挙げて鎌倉幕府を滅ぼしましたが、その政治は多くの武士の反発を招きます。もはや公家の論理で政治を行える世ではなかったためですが、そこで武士たちの信望を集めたのが、鎌倉幕府の有力御家人だった足利尊氏です。しかし、室町幕府は一時期を除けばおおむね不安定な運営を強いられます。それは、院政期から徐々に力を弱めていた旧秩序がいよいよ保てなくなる過程だとも言えそうです。そして、そんな混乱の時代には、序列や格差はどんな変化を見せるのでしょうか。

後醍醐政権の限界

鎌倉幕府を倒して政権を握った後醍醐天皇は、太政官の公卿たちに、八省の長官である卿を兼任させました。これまでの議政官に実務官を兼ねさせ、天皇の意思をダイレクトに実行する執行機関の長としての働きを期待したのでしょう。

建武の新政の政治組織は、これまでの太政官の組織が前提となっていますが、それに加えて天皇直属の組織として「記録所《きろくしょ》」と「雑訴決断所《ざっそけつだんしょ》」という新しい組織を置きました。

記録所は、過去にも天皇親政の時に置かれたことのある組織です。蓄積された記録をもとに政策審議を行い、天皇を事務的に補佐するものです。ここには、これまで朝廷で働いてきた実務官僚が多く登用されました。

雑訴決断所は、領地をめぐる訴訟などを裁く機関です。最初は四番編成でしたが、すぐに八番編成となったのは、社会が大きく変動して、それだけ訴訟が多かったということを示しています。それぞれの番は、地域を分けて担当が決められ、各番の長官である「頭人《とうにん》」には公卿が任じられました。そしてその配下で働く「寄人《よりうど》」や「奉行《ぶぎょう》」には、朝廷に仕えてきた公家官人のほか、足利家の家来や鎌倉幕府の政所や問注所に仕えていた武家官人も登用されました。たとえば、代々鎌倉幕府の政所執事を務めた二階堂氏や、代々問注所執事を務めた太田氏の出身者です。

つまり雑訴決断所は、鎌倉幕府の引付の機能を継承した機関でもあったのです。彼らの先祖が、鎌倉幕府ができた時に京から下ってきた官人であったことはすでに書きましたが、ようするに今回も新体制は旧体制に人材を頼らざるを得なかったというわけです。実務に長けた官人は、政治体制が変わっても必要とされたのです。

さて、後醍醐天皇の政治理念を一言で言えば、院政や、公卿で構成された議政官の任務を否定し、公卿は天皇の手足として実務の責任者としようというものでした。しかし、これは実体が伴わないまま挫折します。

また、地方官は、朝廷が国司と守護の双方を任命します。国司には公家が、守護には武家が任命され、中央の公家が諸国の責任者となり、守護をその補助者として軍事力を担うことが期待されたのですが、中央による地方の統制という理念は感じられますが、次第に軍事的な実力を持つ守護が国衙の支配機構や国司の権限を吸収し、武士が一国を支配していくようになるのです。

イエで継承された実務官僚の技能

そうした公家と武家の相克により、後醍醐天皇から追討されることになった足利尊氏たちでしたが、最終的に後醍醐側についた新田義貞や楠正成の軍勢を破り、一三三六（建武三）年、持明院統の光厳上皇を伴って京に入ります。後醍醐天皇は吉野《よしの》（奈良県吉野市）へ落ち延び、建武の新政はたった三年で終わりを告げたのです。

光厳上皇が院政を開始すると、公家の多くはそれに従いました。皇位には、光厳上皇の弟である豊仁《とよひと》親王がついて光明《こうみょう》天皇となります。しかし、皇位の証とされる「三種の神器」は後醍醐が保持していたので、皇位の継承に欠かせないと考えられていた「剣璽渡御の儀」を伴っていませんでした。そこで尊氏が交渉し、後醍醐が京へ帰って「三種の神器」を光明天皇に渡しますが、結果的に後醍醐は再び京を出て吉野へ行ってしまいます。吉野と京の南北に朝廷が分かれるので、これ以後を「南北朝時代」と言います。

足利尊氏が、征夷大将軍の宣下を受けるのはこの翌々年の一三三八（暦応元）年で、この年を室町幕府の成立とするのが通例ではありますが、すでに一三三六年には、鎌倉幕府に倣って、尊氏の元に政所、侍所、問注所といった機関が設置されているので、実質的にはこの時に室町幕府が成立したと言ってもいいでしょう。

政所は、足利家の家政機関、問注所は領地などの訴訟を担当する機関です。南北朝の内乱の中で、戦功の認定が必要になると「恩賞方《おんしょうかた》」という役所も置かれました。

今度は京に幕府が置かれたので、侍所は京市中の治安維持も担当しますが、これによって平安時代以来続いてきた検非違使庁はほとんどその実体を失い、その職員も侍所に

室町幕府の主な組織

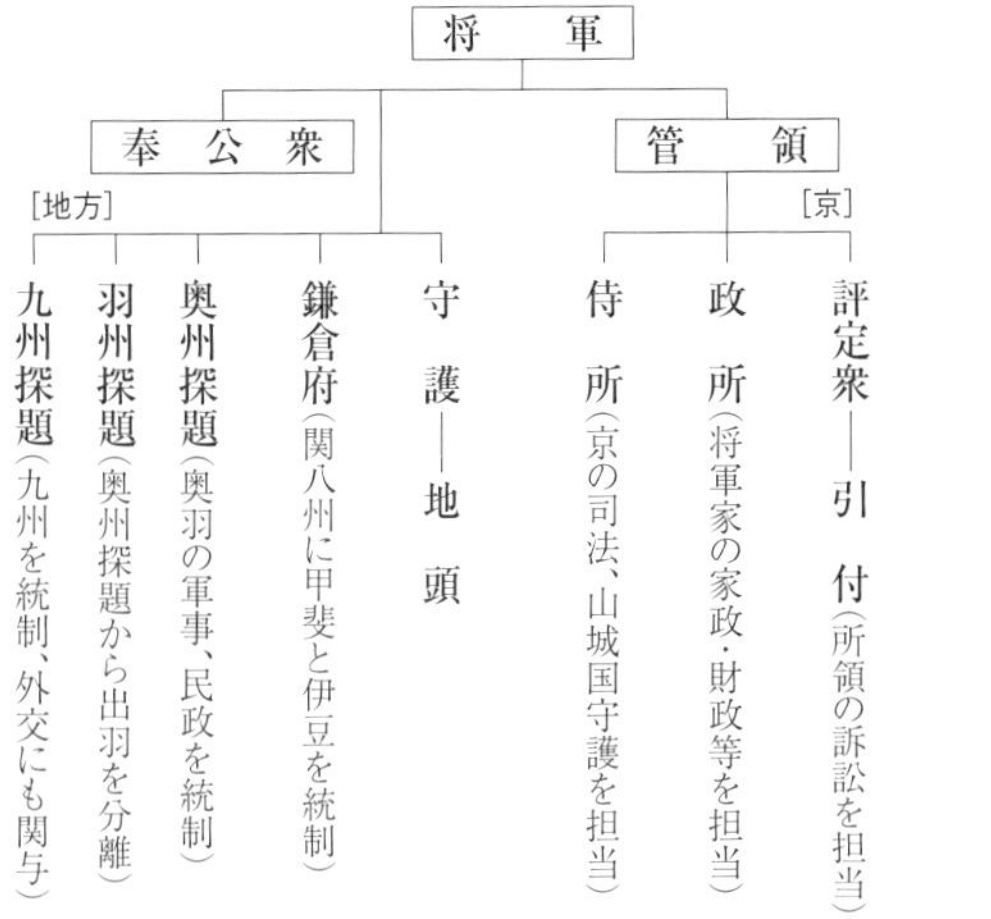

吸収されました。

室町幕府の初期は、尊氏が武士たちとの主従関係を統括し、弟の直義《ただよし》が公的な政治を担当しました。そのため、尊氏は政所、侍所、恩賞方を統括し、直義のもとには評定が置かれ、その下に、安堵方、引付方、禅律方、官途奉行などが置かれ、問注所も評定の下に位置づけられました。この体制を二頭政治とする見方もありますが、直義が本拠とした関東が武士たちにとって特別な地域であるため、直義は鎌倉幕府の執権のような地位にあったと考える研究者もいます。

やはり室町幕府の組織は、鎌倉幕府のそれを基本的に継承したものだと言えます。

いわば後醍醐が武家の論理から公家の論理に戻そうとした政権を、さらにまた武家の論理に戻したと言うことでしょう。

そして、統治組織の実務の執行という点で言えば、すでに触れたように政所や問注所に二階堂氏や太田氏の者が登用されていることが重要です。政権は、北条氏、後醍醐天皇、足利氏と変遷しますが、それを支えたのは、一貫して同じ実務官僚の一族だったのです。一見すると、いつの時代でも、実務に長けた人にはそれなりに生きる場所はある、などと思われるかもしれませんが、それが有効だったのは「個人」ではなく「一族」だったからです。

彼らの家は、それまでの業務の過程で記録を蓄積し、経験を積んでいたので、新しい政治局面にも対応できる能力をもった人材を輩出することができたのです。つまり、平安時代の家職化からこの時代まで、特殊な技能の継承は個人間で行うことは難しく、それはイエがあって初めて可能だったのです。

また、朝廷が京の北朝と吉野の南朝に分かれて争った南北朝時代ですが、北朝も南朝も、規模は異なるにせよ、それぞれがこれまでの朝廷と同じ中央機構を持つため、公家官人の一族も、北朝と南朝に分かれ、もともとの家格に応じた官職を務めていきます。

執事による政治

さて、南北朝の争いは六十年ほど続きます。当初は、南北朝だけでなく、足利将軍家でも尊氏の弟直義と尊氏の執事である高師直《こうのもろなお》が対立するなど混迷を極め、さらに各地の武士も近隣との争いや一族の内紛が多い状態です。そのため、各々がその正統性を求めて、南北朝のいずれかの後ろ盾を得てライバルと争いますが、混乱が長引くと、血の権威が失墜することは免れません。

南北朝の争いが終わるのは、ようやく三代将軍義満の時代になってからです。同じころから室町幕府の政治機構も大きく変化していきます。

足利尊氏の時代は、足利家の家政として高師直らの執事が政治を掌握していました。二代将軍義詮《よしあきら》のときは、義詮が足利家一門の斯波《しば》高経《たかつね》を執事に任命しようとしますが、固辞されて高経の後見のもとでその子義将《よしまさ》が執事になります。この時、義詮が、固辞する高経に、「天下を管領《かんれい》して計らってください」と要請したことから、この職は「管領」と呼ばれるようになったと言われます。管領という言葉には、掌握して差配するといった意味があり、じつは鎌倉時代の執権も管領と呼ばれることがあり、対して御内頭人は内管領《ないかんれい》とも呼ばれていました。

もともとは足利家の執事だったものが、幕政全般を総覧するようになった管領という職ですが、これには足利家一門の斯波《しば》、畠山《はたけやま》、細川《ほそかわ》三氏のうちのいずれかが就任するようになります。鎌倉幕府の執権にあたる役職とはいえ、北条氏のような一氏族での世襲とは違い、有力一門が交代で務めることになったのです。

また、侍所の長官は所司と呼ばれ、これは幕府創設に寄与して、いずれも清和源氏の血を引く赤松《あかまつ》、一色《いっしき》、山名《やまな》、京極《きょうごく》の有力四氏から任命されるようになります。この四家を「四職《ししき》」と言います。

三管領にせよ、四職にせよ、いずれも守護を兼任して、複数の分国を持つようになります。とくに山名氏に至っては、丹波、丹後、因幡、伯耆、美作、但馬、和泉、紀伊、出雲、隠岐、備後の十一カ国の守護を一門で兼ね、日本六十六カ国のうちの六分の一を領していたことから「六分一衆」と称されました。

そして室町幕府の課題は、こうした有力守護家の力を削減して、将軍家への求心力を高めることでした。三代将軍義満は、山名氏の内紛による「明徳《めいとく》の乱」など、有力守護家の内紛に介入し、争いの当事者双方が将軍家の援護や承認を求める状況を利用して、政権基盤を固めます。山名氏一門は没落し、義満が味方した側に但馬、因幡、伯耆の三カ国だけが残されました。

足利将軍の朝廷での出世

義満の巧みな政治手腕で政権が固まり、室町時代ではもっとも安定した時期が現出しましたが、義満の特殊なところは、武家でありながら公家社会の中でも地歩を築いていったことです。

義満は、九歳で従五位下となり、翌年に父義詮が没すると家督を継いで正五位下左馬頭《さまのかみ》の官位を与えられ、さらに翌年に十一歳で元服すると征夷大将軍に任ぜられました。

ここでは、正五位下という位階で征夷大将軍に任じられたことに注目すべきでしょう。つまり、朝廷の官職体系の中では、征夷大将軍はそれほどの顕官ではなかったのですが、一方で鎌倉将軍の伝統から武家政権の主を示す象徴的な官職と認識されるようになっていたのです。

義満は、その後も貴族官人としてのキャリアを重ねていきます。十六歳で参議兼左近衛中将に任ぜられて公卿となり、十八歳で従三位、二十一歳で権大納言に昇進し、右近衛大将も兼ねます。さらに二十三歳で従一位、翌年には内大臣となり、さらに翌年には左大臣に昇進します。

その後、嵯峨、清和、村上など源の姓を持つ者すべてのトップである「源氏長者《げんじちょうじゃ》」と「淳和《じゅんな》・奨学《しょうがく》両院の別当」を兼ねます。淳和院は天皇家の離宮の一つで、奨学院は大学寮の付属機関の一つですが、両方ともその別当を源氏の者がつとめる由緒があります。つまり、いずれも足利氏が清和源氏の血筋を伝える一族だということを示すもので、そうした正統性が政権をより安定化させると義満は考えたのでしょう。

義満はさらに、准三后《じゅさんごう》宣下を受けます。「三后」とは太皇太后《たいこうたいごう》（天皇の祖母）、皇太后《こうたいごう》（天皇の母）、皇后《こうごう》（天皇の妻）のことで、その三后に準ずる待遇が准三后です。このような待遇を人臣が与えられるのは異例のことで、摂関家以外では他に平清盛がいるくらいです。

そして、一三九四（応永元）年には太政大臣に昇り、まさに位人臣を極めます。

しかし、義満の特異だったのは、これらの官位が名目だけの名誉職ではなく、実際に公卿として朝廷の会議に出席し、儀式に携わったことです。義満は、朝廷の官位制度に武家である自らを位置づけていくことで、公家たちも義満の部下として働かせることを狙ったものと考えられますが、京から離れた地にいた鎌倉将軍たちはもちろん、これは他の足利将軍にも見られない独特の政治指向でした。

実際、義満の後を継いで四代将軍となった義持は、そうした朝廷への関与に否定的な態度を取ります。

義満以後の足利幕府の将軍を見ると、次代の将軍と目される者は元服すると左馬頭となり、家督を継ぐと征夷大将軍になっています。左馬頭は、源氏の代表的な武士の棟梁だった源義朝や室町幕府の初期に副将軍的な立場にあった直義がついていた官職で、吉例とされたようです。源氏の正統な血を引くと自負する足利将軍家は、幕府の首長である征夷大将軍の官職とともに、自らの権威と権力を確立する官職としたのでしょう。

また義満以後は、征夷大将軍に任官した後に、参議兼左近衛中将、あるいは権大納言兼右近衛大将に昇進し、さらに内大臣に昇進するのがコースになります。

このような官位の昇進は、ほとんど名目だけのものになりますが、朝廷としては武家たちを束ねる将軍を朝廷の官位に位置づけることによって、室町幕府が朝廷の枠内にある存在だと主張し続けたのだと考えることができます。そして歴代将軍も、天皇の臣下として皇室領などを保護し、朝廷の行事にあたって献金するなど、儀礼的ではあっても朝廷の要望に応え続けていった、という実態があります。

ちなみに、征夷大将軍に加えて内大臣、源氏長者、淳和・奨学両院の別当を兼ねるという義満以来の足利将軍が歴任した待遇は、江戸幕府の将軍にも受け継がれる先例となりました。

幕府から独立する守護

さて、こうして京では幕府と朝廷がときに融合しますが、地方ではそれが異なります。

室町幕府の地方行政官は、鎌倉幕府同様に守護です。もともと守護は、それぞれの国の軍勢を統率する軍事司令官であり、その国の荘園や公領の年貢を兵糧米として徴収する権利が認められていました。そして、これまでの国司の権限を引き継ぎ、国衙の機能を吸収して、またその国内の地頭などの武士団を統率するようになっていました。

そんな守護が、室町幕府の元で期待された任務は、領地に関する訴訟が国内であった時、幕府の決定を実行する「遵行《じゅんぎょう》」です。また、幕府への敵対行為や罪科によって没収された所領の再配分も、守護に委ねられることが多くなりました。これを「闕所地給《けっしょちきゅう》与《よ》」と言います。

こうして公領や荘園の秩序安定は、守護によって実現されることになりますが、本来は国司に代わる地方行政官に過ぎない守護は、次第に国内の旧地頭などの勢力を支配下に置き、守護国を自分の家産にしていくようになります。これを「分国《ぶんこく》」と呼びます。

しかし、室町幕府の体制が安定してきた十五世紀には、遠隔地である東国と九州は別として、原則として守護自身は在京することになっていました。在地で実務を行うのは、その代理である「守護代《しゅごだい》」などの「被官《ひかん》」です。「被官」とは、もとは上級官庁から見た下級官庁のことですが、これが転じて家来を指す言葉になり、室町時代ではとくに守護の家来となった「国人《こくじん》」を意味するようになります。語釈ばかりが続いてまた煩雑ですが、「国人」とは、鎌倉時代から在地に根を下ろしている旧来の地頭や悪党のことで、「国侍《くにざむらい》」とも呼ばれます。

そして、守護がこうした国人たちを組織して国を支配する体制を「守護領国制」と呼びます。もっとも、室町時代における守護は、分国への支配権を強めてはいましたが、「領国」というほど強い支配権は行使していなかったと最近では考えられており、そういう呼び方はあまりしなくなりました。

奉行人と奉公衆

室町幕府の中央の政治機構は、義満のころから「奉行人《ぶぎょうにん》」と呼ばれる実務官僚によって担われるようになりました。奉行人をつとめるのは、鎌倉幕府や六波羅探題に出仕していた実務官僚の家の出身者たちです。

一方、室町将軍直属の軍事力は「奉公衆《ほうこうしゅう》」と呼ばれました。室町幕府の軍事力の根幹をなすのは、本来は足利家の家人や一門でしたが、それぞれが守護として分国をもって独立性を強めると、あらためて将軍に直属する軍事力の必要性が出てきたのです。そこで義満は「御馬廻《おうままわり》」と称された直属の軍事力を養成し、これが六代将軍義教のころまでに「奉公衆」に発展したと見られます。

奉公衆となったのは、足利家の「根本被官《こんぽんひかん》」、つまり足利家の代々の家来である武士たちは当然として、さらに地方にいる守護の庶子家や有力国人などが、在京して将軍に近侍したのです。奉公衆の組織は五番からなり、将軍の側近である近習が番頭を兼ね、一つの番は、それぞれ五十人から百人の奉公衆で構成され、どの番に所属するかは世襲されました。

奉公衆は、自分たちもそれぞれが数十人の「若党《わかとう》」や「中間《ちゅうげん》」と呼ばれた下級武士を引き連れていますので、奉公衆は合わせて五千人ほどの動員力を持ちました。

本来、国人たちは守護の指揮下にあるのですが、奉公衆となると将軍の指揮下に入り、守護の指揮には従わなくてよくなります。その領地も守護が立ち入れない「不入《ふにゅう》」の特権を持っていて、税である「段銭《たんせん》」などを免除され、その分は将軍へ直接納めることになっていました。

たとえば、後に戦国大名になる安芸（広島県）の小早川氏も奉公衆でした。小早川氏は、鎌倉時代には御家人で、相模（神奈川県）から地頭として安芸に入り、室町時代には国人から奉公衆となって、安芸の領地を維持しながら京で将軍に仕えたのです。

国政を動かす制度ならざる制度

地方の守護や国人に将軍が指示を与え、また上申を受けるときには、有力守護が仲介することになっていました。これを「取次《とりつぎ》」とか「申次《もうしつぎ》」と言います。中世史家の桜井《さくらい》英治《えいじ》さんによれば、薩摩の島津《しまづ》氏や伊勢の北畠氏は赤松満祐《みつすけ》を、駿河の今川《いまがわ》氏は山名時《とき》熙《ひろ》を、肥後の菊池氏や伊勢の長野氏は畠山満家を、伊達氏、蘆名《あしな》氏ら陸奥の国人たちは細川持之《もちゆき》をそれぞれ取次としていました（『室町人の精神（日本の歴史12）』講談社学術文庫）。

取次とその対象となる守護や国人は、古くから親交のあることが多く、その意味では私的な関係を公的な命令伝達や上申に利用した制度だと見ることができます。また、当初は有力守護が取次をしていましたが、次第にその役目は幕府の実務官僚の中の有力者へ交代していく傾向にあります。

取次は、将軍の書状である御内書《ごないしょ》に副状《そえじょう》を付けたり、使者を派遣してその趣旨を詳しく伝えたりしました。また、将軍が御内書を発給するのを憚られるような案件では、将軍の意思を私信で伝えたりしましたが、その文章もじつは将軍の添削を受けていました。

一方、地方の守護や国人に対しては、彼らの要望や訴訟を将軍に取り次ぎ、将軍への手紙の書き方や進物の贈り方などの指南もします。つまり取次は、守護や国人たちを後見し、彼らの意思の代弁者ともなったのです。桜井さんは、取次の機能は「根まわし」であり、遠国の守護や国人たちの求心性を確保する「制度ならざる制度」だったとしています。

応仁の乱と戦国の始まり

しかし、力をつけていく守護に対し、将軍家の力は衰えていきます。とくに決定的な衰えにつながるのが、一四六七（応仁元）年から一四七七（文明九）年まで十年にわたって京市中を主戦場にして争われた「応仁《おうにん》の乱」です。

乱の発端は、畠山義就《よしひろ》と畠山政長《まさなが》の同族の抗争で、それに八代将軍義政《よしまさ》の後継を巡る弟の義視《よしみ》と子の義尚《よしひさ》の争いが結びつき、それぞれを有力守護の細川勝元《かつもと》、山名持豊《もちとよ》が後見し、さらに他の守護も争いに加わります。将軍義政でも仲裁ができずに乱が長引き、ついには主将である勝元や持豊でも戦を止めようと思っても止められなくなり、なんと応仁の乱が終結したのは、二人が亡くなった後でした。

また、京で応仁の乱が戦われている間に、有力守護たちの領国では、守護代や国人が独自に領国内で実力をつけていき、もはや守護の意向に従わなくなるなど、全国各地に権力権威の空白が出来ます。また、武士以外では寺社勢力が僧兵や信徒からなる軍事力を蓄え、京などでは商工業者も経済力を背景に町衆として自治的な力を持ちます。

応仁の乱以降、有力守護も在京しなくなり、もはや各地の争いを仲裁、裁断できるほどの力は将軍にもなく、果てしなく騒乱が続きます。実力者間の格差がなくなってしまったが故の悲劇とも言えます。さらには、将軍家さえ危険を避けて京を離れて有力守護の領内にたびたび身を寄せるなどするようになり、将軍家の意向が直接伝わるのも畿内周辺がせいぜいという状態になります。

応仁の乱以後を「戦国時代」と呼びます。それは、序列や格差がこれまでにないほど緩む時代ですが、従来の秩序が維持できなくなったことにより、土地制度の基本であった荘園制もほとんど機能しなくなると、朝廷も主要な宮中儀式さえ行えなくなるほどに困窮していきます。

「戦国時代」はまさに大混乱の時代で、中世を代表する「自力救済《じりききゅうさい》」というキーワードそのものの世の中になっていきますが、そんな中でも次第に群雄の割拠状態から突出した実力者が現れ、新たな秩序がもたらされます。そこで始まるのが次章で見ていく近世です。

第三章　武家の論理と政治の安定——近世

1　織田・豊臣の中央集権

応仁の乱は、室町幕府の支配力を低下させ、戦国時代に入っていきます。しかし、戦国時代にあっても朝廷と室町幕府は、存続しています。朝廷は、わずかに京都に残った貴族たちによって朝廷の儀式を存続させることに最大限の努力を払い、室町幕府は京都周辺にしか支配権を及ぼせない状況にありながら、武家の中央政権として振る舞おうとしていました。

織田信長の官位

応仁の乱によって、室町幕府の威光はもはや全国に行きわたることはなくなりましたが、弱体化したとはいえ奉公衆などの武力もあったので、畿内では一定の権力を保ち、また武家の最高位にあるという意識は残りました。

たとえば、武家に与えられる官位は、将軍を通して朝廷へ奏請されるので、地方の戦国大名に対しても、一定の権威は保っていたのです。実力の世の中ではあっても、中央からその力を認められていることを官職の権威で示せば、地方でもその勢力を伸ばすのに有利だったのです。

一例を挙げれば、織田信長の生まれた織田家は、すでに父の信秀《のぶひで》の時代までに尾張国内でかなりの勢力を得ていましたが、その地位は、尾張国の守護である土岐氏の元で、尾張の南半分（半国《はんごく》）の守護代であった織田家の本家の、そのまた下で三奉行と呼ばれた家の一つに過ぎませんでした。しかし、そんな信秀も領内の津島《つしま》港などでの交易で手に入れた莫大な財を、将軍家や朝廷、公家へ献金したりすることで、従五位下の位階や三河守といった官職を得ています。

ところが、こうした微妙な地方と中央のバランスも、十三代将軍の足利義輝《よしてる》の時代に、管領家の細川氏を中心とした政権の主導権がその重臣であった三好《みよし》氏に移り、さらに三好氏とその重臣の松永久秀《まつながひさひで》が、御所を襲って義輝を殺害すると、機能を失います。

そんなときに、義輝の弟で仏門に入って一条院の門跡となっていた義昭が還俗《げんぞく》し、これを後援して、具体的な武力を提供したのが、駿河の今川氏や美濃の斎藤氏を破って、東海地域で大きな勢力を築いていた織田信長だったわけです。

しかし、将軍の地位についた義昭は、政権の基盤をほとんど信長の武力に頼っていながら、信長への対抗の意志を見せ始めます。一五七三（元亀四）年七月、信長は、挙兵した足利義昭を降伏させ、京都から追放しました。これによって、室町幕府は滅亡します。

その後、しばらくは足固めをしていた信長ですが、一五七五（天正三）年五月、長篠《ながしの》の戦いで甲斐の武田勝頼《たけだかつより》を打ち破ったことによって、官位の上で大きな前進をします。

この年の十一月に朝廷は、信長に従三位権大納言の官位を与え、さらに右大将に任じます。大納言と右大将を兼任することは、摂関家など最上級の公家にあっては大臣へのキャリアパスにすぎませんが、武家が任じられるとなると話は別です。室町将軍が参議兼左中将で征夷大将軍宣下を受け、その後、右大将、権大納言に昇進していく慣習があったことでわかるように、この地位は、武家の第一人者を明示する官位なのです。

翌年の十一月、さらに信長は正三位内大臣に昇進し、また翌々年の十一月には従二位右大臣になります。朝廷は、こうした官位昇進を行うことによって、信長を室町幕府将軍の後継者として認め、朝廷の保護者となってもらおうとしたのだと考えられます。しかし、信長が室町幕府の将軍と違ったのは、一五七八（天正六）年四月に、右大臣と右大将の両官を辞していることです。信長は、朝廷の官位にそれほどの意味を認めていなかったのです。

これが、光明天皇を擁立し、征夷大将軍になることによって支配権を正当化した足利尊氏と違うところで、信長は自らの軍事力だけで政権を打ち立てたのです。官位昇進は、それを朝廷が追認してきた結果に過ぎず、辞任したところで信長本人にとってはなんら問題がなかったのです。

織田家宿老の位置

もっとも、そんな信長の政治機構はというと、本能寺の変で横死《おうし》するまでずっと合戦に明け暮れていたため、じつは官僚制としては見るべきものがありません。

信長は、重臣である「宿老」たちを織田家の領国と隣国との最前線に配置し、彼らを敵と対峙させ、領国をさらに拡大しようとしています。近年の議論では、信長の重臣たちを「方面軍司令官」と位置付けています。もちろん、これは便宜的な呼び方で、当時の呼び方だと宿老となりますが、他の大名家の宿老とは異なる役割があったと捉えているわけで、「方面軍」は、大きな戦国大名と単独で対決できる規模を持った大軍団と定義できます（谷口克広『信長軍の司令官』中公新書）。

その方面軍の成立を順にあげていくと、北陸方面軍司令官は柴田《しばた》勝家《かついえ》、大坂方面軍司令官は佐久間《さくま》信盛《のぶもり》、中国方面軍司令官は羽柴《はしば》秀吉《ひでよし》、畿内方面軍司令官は明智《あけち》光秀《みつひで》、関東方面軍司令官は滝川《たきがわ》一益《かずます》、四国方面軍司令官は神戸《かんべ》（織田）信孝《のぶたか》、ということになります。織田政権を構成する個々の軍団長である家臣たちが、宿老である方面軍司令官にそれぞれ統率されるという軍事的な組織のあり方をよく示しています。

この方面軍司令官や規模の小さい遊撃軍司令官は、軍事的な指揮官としてだけではなく、室町幕府にあった「取次」の性格も持っていました。たとえば、羽柴秀吉は、信長から毛利氏との交渉を任され、毛利家一門の小早川隆景《たかかげ》と連絡をとっています。また、明智光秀も四国の長宗我部《ちょうそかべ》氏と交渉や連絡をおこなっています。これは、織田政権における取次にほかなりません。

そうなると、織田政権の中枢部は、本来であれば宿老（方面軍司令官）によって構成されていたことになりますが、しかし合戦に次々と勝利してきた一種のカリスマである信長のもとでは、彼のトップダウンの決定がすべてだったようで、そのために中枢の政治組織は発達しようがなかったのです。

したがって、織田政権にあっては、信長の側近である森蘭丸らの小姓たち、信長の発給文書を作成する松井夕閑などの右筆らが、高級官僚として大きな地位を占めますが、安土城の普請などの大きな事業は、その都度、適切と思われる家臣を信長が「奉行《ぶぎょう》」に任じるなど、固定した官僚機構は設けられませんでした。

豊臣秀吉の出世

本能寺の変の後、信長を攻め殺した明智光秀を破り、織田家宿老の柴田勝家を滅ぼした羽柴秀吉は、信長の後継者の地位を確立しました。

しかし、まだ信長の二男織田信雄《のぶかつ》が織田家の有力者として健在でした。信雄は、信長の同盟者だった三河、遠江、駿河を領する徳川家康とともに、秀吉に敵対します。両者の戦いである小牧・長久手の戦いは、局地戦では家康が勝利することもありましたが、大局的に見ると秀吉が圧倒的に優勢で、伊勢や尾張の拠点を次々と落とされていった信雄は、一五八四年（天正十二）年十一月十五日、秀吉と単独講和に応じます。こうなると、家康にも打つ手がありません。

こうした状況を見た朝廷は、同じ月の二十二日、秀吉に従三位権大納言の官位を与えます。これは、信長が武田勝頼に勝利したときに任じられたのと同じ官位です。その意義も、信長のときと同じく、秀吉を武家政権の主と認めたことにあります。

秀吉の名字はまだ羽柴ですが、「豊臣」政権はこの時点で成立したと見てもいいでしょう。秀吉の特殊性は、そこから征夷大将軍となるのではなく、内大臣、関白、太政大臣と官位を昇進させることによって政権を飾ったことです。この措置は豊臣政権が足利将軍家の地位を簒奪した政権ではないことを示すものでもありますが、そもそも豊臣政権がその官職によって成立したということではありません。

豊臣政権は、秀吉の関白任官を待たずしてすでに成立していたのですから、この場合の朝廷は、秀吉によって打ち立てられた国家の中に存続を許されただけの存在で、秀吉政権に正統性を賦与する旧王朝の役割しか持っていません。

これが、戦国時代を経て天下統一を成し遂げた武家政権の達成だったのです。

秀吉も戦いに明け暮れたため、中央の政治組織は発達せず、官僚制として見るべきものはほとんどありません。高校の日本史教科書に出てくる五大老・五奉行制も、秀吉の死後、あるいはせいぜい晩年に成立したものにすぎません。

五大老・五奉行の実態

五大老は、徳川家康、前田利家《まえだとしいえ》、毛利輝元《もうりてるもと》、宇喜多秀家《うきたひでいえ》、上杉景勝《うえすぎかげかつ》の五人の大大名によって構成されますが、彼らの働きは、秀吉死後、秀吉の指示の代行をしたものにすぎません。

一方の五奉行は、浅野長政《あさのながまさ》、前田玄以《まえだげんい》、石田三成《いしだみつなり》、増田長盛《ましたながもり》、長束正家《なつかまさいえ》の五人によって構成されますが、こちらは秀吉の後継者だった豊臣秀次が自害を命じられた一五九五（文禄四）年を一つの画期として、豊臣政権の中枢政治機構として成立したと考えていいようです。もっとも、はっきりと規定された機構があったわけではありません。あくまで秀吉の指示をそれぞれに「奉《ほう》じて行《おこな》う」存在にすぎません。

しかし、「五奉行」の果たした役割を見ていくと、これが各地の戦国大名と連絡していた取次を一つの本質としていたことがわかります。石田は薩摩の島津氏、越後の上杉氏、常陸の佐竹氏などと取次関係を持ち、浅野は奥州の伊達政宗と、増田は関東の諸大名との取次をしています。これに、京都の市政と朝廷との連絡、寺社関係を担当する前田、財政を担当する長束を加えたものが五奉行です。

豊臣政権の取次は、中央の行政官でありながら、自らを取次と頼む大名に対して、その領国の政治や家臣団統制のあり方を指示し、必要があれば検地を代行して大名の直轄地を増やし、豊臣政権下での振る舞い方や秀吉への嘆願の仕方を教示しています。これは、室町幕府の取次や織田信長の方面軍司令官の延長線上にあるものです。ただ、室町幕府の取次とは違って、大名たちに対して単なる窓口役ではなく、秀吉の威光を背景にその指示や助言は大きな強制力を持つものでした。

一つの国家、二つの王朝

私は、織田政権とそれを継承した豊臣政権の時代に、これまでの天皇を中心とした国家とは別の新しい国家が誕生したと考えています。その新しい国家の中に、旧王朝の根幹部分だけが残り、保護されたと考えるのです。

その根幹部分とは、先に述べた天皇と廷臣である公家集団のまとまり、すなわち朝廷であり、この時代以降は、その朝廷とは完全に別の政治組織が成立し、国家を運営していくのです。

組織の在り方も大きく変わります。朝廷では、高級官僚である公家がある官職に任じられても、その職務を遂行するために下部の官僚組織も用意されていましたが、武家政権にあっては、当主から与えられた「奉行」の職務の実務は、基本的に奉行となった者の家臣によって遂行されます。

つまり、律令官制の朝廷では、上司と部下の関係のピラミッド型であるのに対し、武家では主君と家臣の関係のピラミッドなのです。部下と家臣では、一見同じようなものに思われるかもしれませんが、上司と部下の関係はより上層の意志によって、いわば人事異動があればすぐに解消される関係ですが、主君と家臣の間は、お互いの関係だけで決まり、基本的に他の意志を挟みません。

職務を遂行するための官僚組織が用意されていた朝廷に対し、それとはまったく違った構造をとっているのが、武家政権の特徴だったと言っていいでしょう。

2　江戸幕府の政治組織

江戸幕府の政治組織は、初代徳川家康の時は、非常に簡素なものでした。「庄屋《しょうや》仕立《じた》て」、つまり農村の庄屋さんの元にある程度の組織と称されたほどです。これはまた、トップが裁量する範囲がすごく広かったこととも同義です。

しかし、幕府の機構は、時間とともに拡大し、任用、昇進の慣行も定まって、ある種のシステム化が進みました。そして、幕府が成立して百年ほどがたった五代将軍綱吉の時代には、幕府の組織は「官僚制」と言えるほどに発達してきます。江戸時代は二百六十年以上も続きますので、初めの頃と終わりの頃では、その組織の有り様も、成員である武士たちの意識も、じつはずいぶんと違います。本章では、そうした時代的変化も含めて概観していきましょう。

内閣としての老中制

江戸幕府において、現在の内閣にあたるのは、老中《ろうじゅう》・若年寄《わかどしより》と寺社・町・勘定の三奉行で、他にもさまざまな役職があったことは、皆さんも学校で習った歴史だけでなく、時代劇や歴史小説などでもご存じでしょう。しかし、徳川氏の行政機構も、もともとはさほど複雑だったわけではありません。

初代の徳川家康の時代は、家康の指示を側近である本多正信が諸大名へ伝えるだけで、後の「老中」にあたる組織もまだありませんでした。徳川家の城下町である江戸の市政は町奉行が担当していましたが、これも家康から直接、町奉行の職を任された者が自らの家臣とともにその任にあたるだけで、後の町奉行所などのように特定の部署に固定して勤務する「与力《よりき》」「同心《どうしん》」といった者もいませんでした。

そもそも、江戸幕府の役職に特徴的な「奉行《ぶぎょう》」という名称は、前述したように、ある特定の任務を主君の意を「奉じて行う」ことを意味しています。それだけに、その任務に関する全権限は奉行に命じられた者に委任され、奉行は軍役と同様に、将軍への「奉公」として、その任務を自身とその家臣の力で遂行したのです。

つまり、初期の幕府には、ヒエラルキーを持った官僚組織などなく、家康の家臣たちが、家康からの命令をそれぞれに果たしていく、というのが原形だったのです。

すべては家康の意

江戸幕府の政治組織のトップにある老中は、もともとは戦国大名の家に一般的に存在した「宿老」がもとになったものです。

徳川家でも、戦国大名であった頃は、後に「徳川四天王」と呼ばれる酒井忠次、本多忠勝、榊原康政、井伊直政などが宿老でした。彼らは、先に述べた信長の方面軍司令官と同様に、独自の軍団を率いる軍団長であり、合戦では前線に出て中心的な働きをしました。その頃は、全国の政治を見る必要もないので、それが彼ら宿老の任務のほとんどすべてでした。

宿老とされる者は、ときに「年寄《としより》」「乙名《おとな》」などとも呼ばれます。宿老の「老」の字もそうですが、いずれも年長の者を指す言葉であることにはお気づきでしょう。

朝廷では、何より血筋が尊ばれたわけですが、戦闘を基本とする武家では、血筋だけでなく戦場における経験なども重視されます。つまり年功を重んじる考えのあったことが表れていると言えるでしょう。このため、武家では仮に実際の年齢は若くても、重臣は宿老、年寄、などとされたのです。

しかし、関ヶ原の合戦を経て、江戸幕府が成立する頃には、家康の元で初期から宿老であったものたちは姿を消していき、家康は軍団長としての彼らに代えて、政治的センスを持つ側近の本多正信などを重用し、彼の助言に基づいて政治的行動を決断し、諸大名への指示も彼を通して与えるようになりました。

また、大御所となり将軍職から退いた時には、将軍職を譲った秀忠に正信の子である正純を付けて、これを補佐させました。本多正信・正純父子は、家康、秀忠の「年寄」だったわけです。また、徳川家内で有力な家の出身でもなかったのに、とくに引き立てられたことから、「出頭人《しゅっとうにん》」とも呼ばれました、

出頭人である本多親子は、家康と諸大名の間を取り次ぐ存在でした。その意味では、豊臣政権期の出頭人であった石田三成たち「取次」と同様の存在です。当初の幕府政治には複雑な業務はなく、それで十分だったのです。

老中への昇進コース

これが変化するのが、家康死後の二代将軍秀忠の時代です。秀忠は、特定の年寄ではなく、集団としての年寄を政治の中心に位置づけました。それをもっともよく示しているのが、年寄たちが秀忠の命令を奉じて大名などに発給する「年寄衆連署奉書《としよりしゅうれんしょほうしょ》」です。

幕府の指示は、年寄とされた者が署名を連ねて発給する奉書によって行われました。これは誰か一人が署名しない場合などには、その理由をわざわざ記して発給しています。つまり、年寄たちが集団として政治を担当するということが明示されていたわけです。

三代将軍家光の時代には、土井利勝、酒井忠勝といった秀忠時代からの年寄が引退し、家光の小姓から昇進していった松平信綱《のぶつな》、阿部忠秋《ただあき》、阿部重次《しげつぐ》の三人が日常政務を行うようになります。彼ら三人は、利勝らの「年寄」と区別され、「老中」と呼ばれるようになります。

「中」というのは「衆」と同じく集団に対する敬称ですので、「年寄衆」も「老中」も意味は同じです。当時の呼び方としては少し軽いニュアンスの表現なのですが、この呼び方が、幕府のトップの呼称として定着していきます。もっとも、将軍だけは老中たちを古例に基づいて「年寄」と呼び、一般的にも重々しく呼ぶ場合は、老中ではなく、奉書に署判することから「加判之列《かはんのれつ》」と言いました。

綱吉政権初期に老中となった戸田忠昌は、一六七一（寛文十一）年に、江戸城中の行事を取り仕切る奏者番と宗教行政をする寺社奉行を兼務し、一六七六（延宝四）年に朝廷との交渉を担当する京都所司代に昇進、一六八一（天和元）年に老中となりました。

このとき年齢は五十歳です。領地は三万一千石でしたが、七万一千石にまで加増されました。

戸田を嚆矢として、これ以後、奏者番を振り出しに寺社奉行を務め、大坂城代ないし京都所司代を経て老中に至るという老中昇進コースが成立しました。たとえば、家綱時代に側衆から老中になった土屋数直の子政直も、綱吉政権期に老中に昇進しますが、その役職履歴は、「奏者番→大坂城代→京都所司代→老中」というものでした。

戸田忠昌、土屋政直以後、奏者番を振り出しに寺社奉行を務め、大坂城代、京都所司代を経て、あるいはそのどちらかを務めて老中になることが主流になります。

大坂城を守衛して西国の支配にも関与する大坂城代や朝廷を統制する京都所司代は、家綱の時代までは特定の譜代大名が長く勤めることが多かったのですが、こうした役職も含めて、譜代大名の昇進コースが成立したわけです。

幕藩体制と大名の格

さて、これまで挙げてきた幕府の、老中、若年寄、京都所司代、大坂城代、寺社奉行、奏者番などの役職に就くのは、前述の通り家康の時代から宿老などであった譜代大名ですが、大名にはこの他に、家康の血を引いた者が当主となった徳川一門の親藩大名、また豊臣政権下では、家康に並立する存在だった外様大名があり、それぞれが領地をもって、その内部は独自に治めていたことは、皆さんもすでにご存じのはずです。

江戸時代のこの政治制度を「幕藩体制」と呼びます。これは、幕府と藩の重層的な権力で、町人や農民などの被支配階級を統治していることを表した用語です。つまり、藩だけでは、統治が完結せず、幕府権力が藩権力を補完している、ということを含意しています。

実際、中小の譜代大名などは、幕府権力の下にあることで藩として成り立っていたので、このように呼ぶことには合理性があります。しかし、戦国大名から近世大名になった外様の大藩などは、一個の独立した国家だと考えてもそれほど違和感はありません。実際、幕末に日本に来た外国人は、そのような藩を国家とみなしています。日本という国は、藩という「小国家」によって構成されているいわば連邦国家だと考えたのです。

鎌倉時代のところで、御内人と外様の対比を紹介しましたが、江戸時代では、譜代大名と外様大名がこれにあたります。外様大名は、基本的に豊臣政権までは開祖である家康と、並立の立場にあった大名家ですから、やはり外様という言葉には、鎌倉時代と同様に下に見る侮蔑的な意味合いはなく、むしろ高い官位が与えられる例も少なくありません。

ただし、徳川氏が政権を握っているので、その運営は徳川家の身内だけで行うという意識があるため、外様大名は将軍の家臣ではあっても、幕府の役職に就くことは基本的にないのです。

外様大名の定義として、関ヶ原合戦以後に徳川氏に臣従した大名とされることがあります。これは間違いではありませんが、より本質的には、徳川家の身内であるかどうかがポイントで、関ヶ原以後に臣従しても身内と遇される大名がなかっただけなのです。たとえば、外様大名家の出身であっても、江戸時代の初期にはその当主の次三男などが領地を分け与えられて分家し、将軍の直臣である旗本となる例がかなりあります。これを「分家旗本」と呼びますが、旗本として徳川家のまさに身内となっているので、彼ら分家旗本は、きちんと幕府の役職に任じられています。

江戸時代の大名は、この他にやはり領地の大きさでも序列化されます。

まず、律令制で設定された一国以上を領する大名を国持大名、あるいは「国主《こくしゅ》」と呼びますが、これは二十藩ほどしかありません。

最大の領地を誇る大名は、「加賀百万石」と呼ばれる加賀（金沢）藩前田家です。領地は、加賀、能登、越中の三カ国で、全体では百十九万二千七百石なのですが、富山藩十万石、大聖寺藩七万石の各支藩があるので、加賀本藩だけだとほぼ百万石なのです。

それに次ぐのは、薩摩と大隅の二カ国と日向一郡を合わせて六十万五千石を領する薩摩藩島津家です。薩摩藩は、琉球国も支配しており、石高は琉球国の十二万三千七百石を加えると七十二万八千七百石となります。この薩摩藩とほぼ同格とされたのが、陸奥国に六十二万石を領する仙台藩です。

以下、外様大名では、福岡藩黒田家、熊本藩細川家、長州（萩）藩毛利家、佐賀藩鍋島家、広島藩浅野家、鳥取藩池田家、岡山藩池田家、高知藩山内家、徳島藩蜂須賀家、津藩藤堂家、米沢藩上杉家が国主です。

このほか、対馬藩の宗家は、石高は二万石程度ですが、朝鮮との外交を行っていたので、十万石格の「島主《とうしゅ》」とされ、国主に準じました。また、盛岡藩南部家、久留米藩有馬家、柳川藩立花家は「准国主」とされています。

この他、大名を大きく分けるのは、城を持つか持たないかです。例外はありますが、おおむね石高で二万五千石以上だと城を持ち「城主《じょうしゅ》」とされ、二万石以上で「城主格」、それ未満だと「無城《むじょう》」とされました。

地方行政官としての大名

一国以上を領する大名は、戦国大名に出自する者が多いのですが、その役割の歴史的な系譜をたどるとやはり守護大名に行き着きます。将軍を中心としながらそれぞれの国を管轄する存在です。その意味では、地方行政官と考えても、さほど大きな間違いではありません。

大名は官職を自分の領する国の守とすることが多くあります。たとえば、安芸を領する浅野家では「安芸守」、土佐を領する山内家では「土佐守」を官職に選んでいました。これを「屋形号《やかたごう》」と言います。

島津家では、「大隅守」を名のることもありますが、「修理大夫」も名のり、毛利家でも、「長門守」のほかに「大膳大夫」を名のることがあります。これらは、家の先祖が任じられた伝統的な官職を重んじたためです。もともと国主の地位は、先祖の働きによって獲得したものでした。将軍の代替わりごとに領地安堵の朱印状を交付されますが、自分の財産といってもいい意識もあったはずです。

しかし、江戸時代の大名は、それを将軍から預かったものだという観念を次第に発達させていきます。たとえば、江戸時代前期の岡山藩主池田光政《みつまさ》は、日記に次のように書いています。

「私が国の政治を顧みず、国の民が飢え凍え、荒廃するようなことがあれば、上様から御改易に命じられなければ済まないことである」（『池田光政日記』）

また、江戸時代中期の出羽米沢藩主上杉鷹山《ようざん》も、養子治広《はるひろ》に家督を譲るに際して書いた「伝国《でんこく》の辞《じ》」で、次のように言っています。

「国家人民のために立たる君にて、君のために立たる国家人民にはこれなく候」

このように江戸時代の藩主は、藩を自分の私有財産ではなく、幕府から預けられたものだと考えるようになったのです。

地方行政官であれば、幕府の都合で、領地を移される転封も受け入れることになります。ただし、国主クラスの大名の領地は尊重され、ほとんど動かされることはありませんでした。したがって、このような言い方は、藩主として領地の政治に責任を持つための理由づけと言ってもいいかもしれません。

大名たちの官位

江戸幕府において大名は、まず、将軍との親疎から序列付けられました。初代徳川家康の子供を祖とする尾張、紀伊、水戸の徳川家は、最高の位置づけがされています。次いで、加賀百万石の前田家が位置づけられますが、これも三代藩主前田利常が秀忠の娘珠姫を娶っており、親藩扱いでした。

この四藩の格式は、はっきりしているのですが、その次からは、さまざまな出自を持っていて、石高だけで上下を決めることは困難でした。

そのため、石高とは別に朝廷の官位が、大名の序列を定めるために使われました。これは、御三家も含めた序列になります。

将軍は、将軍宣下を受ける時に、従二位内大臣の宣下も受けます。長く将軍を続ければ、右大臣に昇進することもあります。家康、秀忠は、従一位太政大臣にまで昇っていますが、これは初期の頃の例外です。

御三家は、尾張・紀伊が大納言、水戸が中納言にまで昇進します。ただし、尾張家でも、家督を継いだ時は参議で、中納言、大納言と昇進していきます。ちなみに、参議は「宰相《さいしょう》」と唐名で称することが一般的です。中納言は「黄門《こうもん》」、大納言は「亜相《あしょう》」と称しますが、こちらは公式にはそれほど使われていません。

加賀藩前田家は「宰相」、薩摩藩島津家と仙台藩伊達家は「中将（右近衛中将）」となります。これも、昇進していくもので、島津家と伊達家は家督を継いだ時は少将ですから、どちらが先に中将に昇進するかを内心では大いに関心を持って、競っていました。

こうしたほぼ同格同士の大名の競争心は強いものがあり、会津藩松平家と彦根藩井伊家でも、互いの官位を強く意識していました。

おおむね、国主は、従四位下侍従から少将に、准国主は従四位下侍従、老中や京都所司代も従四位下侍従です。一般の大名は従五位下ですが、長く藩主を務めれば従四位下に昇りました。これを「四品《しほん》」と言いますが、親王などの品位とは違い、これは単に四位を指した雅称です。

こうした官位は、幕府が認めるものですが、官位を与えるのは形式的には朝廷なので、大名の間に朝廷の存在はそれなりに意味を持つものとなります。ただし大名が、自分は朝廷の家臣だ、などと思っていたわけではありません。むしろ、朝廷の官位は、将軍に任じられることによって諸大名への支配を正当化されている徳川家にとって意味のあるものだったと言うことができます。徳川家の正統性が朝廷による征夷大将軍という官職にある以上、大名にもその序列に基づいて官位を与えることによって、幕府の支配秩序を固めたものと評価することができるでしょう。

こうした官位の高さと石高などは、おおむね正比例はしているのですが、必ずしも一定しません。

親藩では、御三家筆頭の尾張徳川家は尾張一国と美濃・信濃のうちに六十一万九千五百石、紀州徳川家は紀伊一国と伊勢のうちに五十五万五千石を領しています。つまり、石高では、加賀、薩摩、仙台の諸藩よりも少ないのですが、家康の子の血筋ですので、官位や城中の格式では、それらの諸藩よりも上に位置づけられています。

また、水戸徳川家は、常陸のうちに二十五万石を領しており、尾張、紀伊の二藩よりもずいぶん少ない領地でした。水戸藩の藩主は、他の大名のように参勤交代がなく、つねに江戸にいる「定府《じょうふ》」とされました。そこから「天下の副将軍」とTVドラマではしているわけですが、もちろん江戸時代にそういう言い方があったわけではありません。

他に、二代将軍秀忠の兄である結城秀康の血筋を引く越前松平家は、越前に三十万石を領しており、その分家である松江松平家は出雲・隠岐に十八万六千石を領しています。秀忠の子保科正之を祖とする会津松平家は、会津に二十三万石を領しています。

徳川政権の序列構造

官位による序列

官位	
右大臣（従一位） 内大臣（従二位）	将軍
大納言（正三位）	尾張徳川家 紀伊徳川家
中納言（従三位）	水戸徳川家
参議（正四位下）	前田家
中将（従四位上）	上位の国主
少将（従四位下）	中位の国主
侍従（従四位下）	下位の国主 准国主、老中
四品（従四位下）	一般の大名 （長期在任）
諸大夫（従五位下）	一般の大名 要職にある旗本

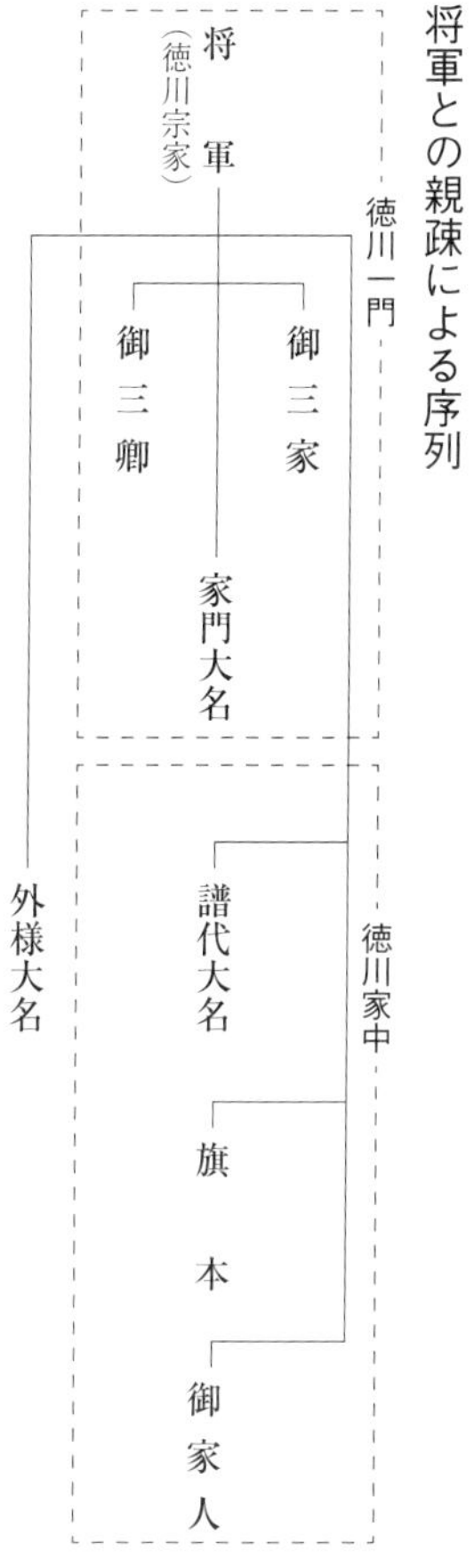

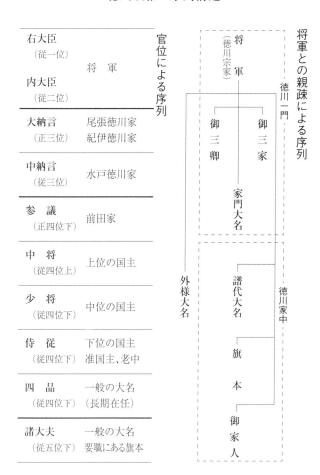

これらの親藩大名は、領地の大きさから言えば国主ですが、「家門《かもん》」という別の序列にありました。ちなみに、高松藩などの御三家の分家は「連枝《れんし》」という格式です。

老中を出した家

それでは、幕府の政治の中枢にある老中は、その中ではどのような位置づけになるでしょうか。

じつは、老中になるのは基本的に大藩の当主ではありません。そもそも江戸時代の意識では、大きな領地を任されて、それを統治することこそが重い役目でした。また、老中は実質的には現代の総理大臣のような役目も果たしますが、将軍に権力が集中している幕府にあっては、本来は官房長官かあるいは筆頭秘書官的なポジションで、大きな領地を持つ大名が務めるほどの重みはないのです。

老中になるのは、一応二万五千石以上の城主ということになっており、それ未満の石高の者は「老中格」とされました。また、官位は従四位下侍従で、これは国主大名と同等です。このため城中の儀式などでは高く遇され、石高ではるかに上位にある国主大名からも丁重な対応をされたのです。

実際にどういう家から老中が選ばれたかを幕府の人事録である『柳営補任《りゅうえいぶにん》』という史料で見ると、江戸時代の老中就任者は百四十三名あり、一大名家からの老中就任者の最大数は六名で、播磨国姫路藩酒井家（雅楽頭家）と陸奥国棚倉藩阿部家（豊後守家）の二家。それに次ぐ五名を出した家は、備後国福山藩阿部家、三河国西尾藩松平家（大給松平）、遠江国浜松藩井上家の三家です。さらに四名を数える家になると七家あります。

これら十二家の老中就任者の合計は五十五人ですが、譜代大名の総数は百三十三家ですから、その十分の一ほどの十二家から老中の約四十%を出していることになります。また、老中を四名以上出した家は、四代将軍の時期までにすべて出そろっていますから、この時期までに獲得した地位が「家格」となっていったと考えられます。ただし、五代将軍綱吉以降の代に三名の老中を出す家もありますから、老中となる家の格式が固定していたわけではありません。

むしろ意外にさまざまな家が老中を出しており、一人しか老中を出さなかった家も少なくありません。つまり、中小の譜代大名であれば、老中まで昇進する流動性はかなりあり、奏者番などから昇進する過程で、能力によって選抜が行われていたのだと言えます。

3　旗本、御家人の出世

武家における上層階級が大名であれば、中層階級は旗本で、下層階級が御家人だったと言えるでしょう。前項で大名の在り方を見てきましたが、今度は旗本と御家人を見たいと思います。

大名と同じく、時を経るごとに旗本や御家人の出世にもある種のパターンが出来てきます。そのあり方は、基本的に家格を中心にしたものですが、昇進のチャンスもそれなりにあります。しかし、旗本と御家人では、任じられる役目が違い、また昇進の格差も、やはりこの二つのクラスの間にあったようです。

両番という人材バンク

旗本とは、将軍の直臣のうち、一万石未満で将軍に「御目見得《おめみえ》」といって拝謁することのかなう家格の者です。それ以下の拝謁がかなわない者は同じ直臣でも「御家人」といって区別されます。

旗本は、十歳前後から十五、六歳ぐらいまでに将軍に初めて拝謁します。これは「初御目見得」といって、めでたい行事でした。将軍に拝謁することが、徳川家家中の構成員として認められる最も大きな儀式だったからです。そのため、江戸幕府の正史である『徳川実紀』にも、旗本の初御目見得は、記事として載録されています。

初御目見得から何年か経つと、今度は「御番入《おばんい》り」します。「五番方《ごばんかた》」といって、幕府には書院番《しょいんばん》、小姓組番《こしょうぐみばん》、大番《おおばん》、新番《しんばん》、小十人組《こじゅうにんぐみ》の五つの軍事組織がありました。旗本は、家格に応じて、これらの軍事組織の一つに配属されることが一般的です。

このうち、書院番と小姓組番は、将軍の親衛隊です。この組織の司令官である番頭《ばんがしら》は四千石高で、三千石以上の大身の旗本が任じられました。組衆は、一組五十人で三百俵高。一組に一人置かれた組頭《くみがしら》は、千石高です。

書院番と小姓組番は、合戦の時には将軍を守る部隊となりますので、その構成員は高い家格とされ、この両者を「両番」と称しました。両番に配属される旗本は、「両番家筋」と言われ、幕府高官に上る者は、おおむねこの両番家筋の者でした。

両番士はおよそ九百人になり、旗本の出世競争は、主にこの九百人で行われることになります。

次に格が高いのが「大番」です。大番は、十二組あり、江戸城二の丸、西の丸などの警備を行い、毎年二組ずつが交代で大坂城、京都の二条城に在番しました。大番頭は、五千石高で、両番の頭よりも格式は上でした。大番は、合戦の時には前線に出て戦う規模の大きな部隊なので、その司令官の責任は重く、それだけの格式を認められていたのです。組衆は一組五十人で、二百石高でした。一組に組頭四名が置かれ、こちらは六百石高です。

新番は、一六四三（寛永二十）年になってから設置された文字通り新しい組織です。将軍の御殿で、大広間や諸役人の詰所のある「表《おもて》」と、将軍が日常的にいる「中奥《なかおく》」の間にある「土圭《とけい》の間《ま》」に勤務して警衛にあたり、将軍の外出の際には前駆することになっていました。番頭は二千石高、組衆は一組二十人、組頭が各組一人置かれました。

五番の内、この新番までは戦場では騎馬に乗る格の武士であるのに対し、小十人組は、序章の福沢諭吉の武士の区分けだと中小姓にあたる騎馬に乗らない武士でした。そのため、二百俵程度の禄高で、あまり昇進することもありません。ただし、小十人はあくまで旗本で、御家人がなる徒士とは格が違います。

こうした五番方の人数を総計すると、二千人ほどになります。

一方、番入りできない者は、「小普請《こぶしん》」と称されます。つまり無役の旗本で、罪あって「小普請に貶《おと》される」ということもありますが、まだ番入りしていない者、あるいは隠居ではなく役だけ退いた者も小普請です。

軍事職である五番方などの番方に対し、それ以外の文官にあたる「役方《やくかた》」につくものは旗本ではせいぜい数百人ですから、二千人以上の旗本が小普請だったと推測されます。ただし、三千石前後より上の旗本の場合、番入りしなくても、また無役でも、小普請ではなく、「寄合《よりあい》」と呼ばれました。当然、このクラスの旗本は、格式が高いため、低い格の役職に就くことが少なく、そのため寄合は小普請とは別扱いとされ、名誉のある待遇とされました。

布衣役への昇進

番入りを果たした旗本が、次に目指すのは「布衣役《ほいやく》」への昇進です。

布衣役は、江戸城で儀式があった時に布衣と呼ばれる狩衣《かりぎぬ》のような礼服を着用することが許される役で、朝廷の位階で言えば六位相当の格式であるとされました。布衣役に位置づけられた役職は、以下のようなものです。

小普請組支配（小普請の旗本の取りまとめ役）、新番頭（番の一つである新番の責任者）、持弓頭（弓隊の隊長）、持筒頭（鉄砲隊の隊長）、大坂舟手頭（大坂の水軍の責任者）、目付（幕臣の監察）、使番《つかいばん》（諸大名への使者）、駿府勤番組頭（駿府城警備隊の分隊長）、西丸御裏門番頭（江戸城西の丸裏門警備の責任者）、徒頭《かちがしら》（徒歩で従軍する御徒《おかち》の隊長）、舟手頭（江戸の水軍の責任者）、御納戸頭（将軍の身の回りの者を管理する責任者）、御腰物奉行（将軍の刀剣を管理する責任者）、御鷹匠頭（将軍の鷹を管理する鷹匠の責任者）、勘定吟味役（幕府財政を監査する役）。

そして、こうした布衣役に就く者の多くは、先に紹介した両番家筋の者が主ですが、その人事責任者は若年寄で、人物の厳しい調査がありました。幕末に目付や町奉行、外国奉行を歴任した山口泉処《せんしょ》という旗本は、維新後に次のように回想しています。

「布衣以下から布衣以上を拵《こしら》えるときが、よほどむつかしいので、布衣以上に撰挙する権は若年寄にありますが、布衣以下より以上に挙げるときは、篤《とく》とその人の容子《ようす》（様子）を調べて、平生学問はできるか、身持はどうか、家事は治まるかとかいう行状を逐一調べるので、それを調査するのがやはり御目付の役です」（『旧事諮問録（上）』「目付、町奉行および外交の事」岩波文庫）

このうち、家事が治まっているかというのは解説が必要かもしれません。家庭が円満であるというだけではなく、その旗本の家に召し抱えられている家来をよく治めているかどうかという点が重要でした。たとえば知行三百石程度の旗本でも、家来として侍一、二人、鎗持ちや挟箱持ち、草履取りなどの中間を数人召し抱えることになっていました。こうした家来たちをよく管理する必要があったのです。

布衣役の中でのエリート

布衣役は、現在でいえば中間管理職です。一般の役人は老中からの申し渡しですが、布衣役になると将軍の「御直言《おじき》い渡し」でした。将軍が、直接任命する格式があったのです。

布衣役の中でも望まれたのが、使番、小十人組頭、徒頭の三職です。

使番は、大名に対して遣わされる幕府の上使を務める役職で、将軍の代替わりごとに行われる諸国巡検使の役も務めました。二条城、大坂城、駿府城、甲府などの要地に目付として出張し、遠国役人の不正などを監察することも任務としていました。江戸に火事があれば、火勢を観察して報告したり、目付とともに大名や定火消しを指揮・監察したりする任務もありました。役高は千石です。

小十人頭と徒頭は、すでに述べた通りですが、この使番と小十人頭や徒頭から目付に進むのが旗本には最高のエリートコースでした。

目付は、旗本の監察にあたる役職であり、江戸城内の儀式も担当しました。老中や若年寄の手足として様々な諮問に預かり、同僚の素行調査なども命じられました。

目付の定員は十人で、欠員が出ると、目付の選挙で欠員を補充しました。目付になるのは、多くが使番、小十人頭、徒頭なわけですが、これらの役職者は九十人ほどいましたし、ほかに書院番や小姓組番の組頭も候補になりますから、たいへん狭き門でした。目付までは格式として布衣役で、そこを潜り抜けると遠国奉行などに昇進していくことになります。

目付が出世の登竜門だった理由を前出の山口泉処は、次のように話しています。

「目付になりますと、（老中や若年寄に）始終使われますから、人物がよく分かります。目付で使ってみて、存外この者は役に立つから、どこの奉行が空いたから、転じさせようとか、何にしようといって上へ伺うて転役させたりするのでありますから、是非、（目付の役職が）腰掛というような事も申すはずです。その人の器量が知れますから、道

理としてその者を挙げるようになるのです」（同前）

このように、目付が昇進しやすいのは、山口の言う通り、老中や若年寄の片腕となって働いたからです。ここで能力を発揮すれば、遠国奉行などが空席となった時に、老中がこの者を転役させてみよう、と将軍の裁可を得て申し付けるのです。

いつの時代でも、人事を握っている者の近くで働く者が、一番出世しやすかったのです。ただし、目付の場合、目付首座（筆頭）の意見も重視されましたから、同僚や先輩とのつきあいにも配慮しなければなりません。単なる腰巾着では嫌われて、出世の機会も逃すことになりました。

諸大夫役の権威

そして、この目付を通過点に「諸大夫役《しょだいぶやく》」にまで昇進するものがあります。諸大夫とは、朝廷の位階で五位のことを指し、五位相当の官職にも任じられます。ただし、「武家の官位は当官の外《ほか》」という規定があり、武家が任じられる朝廷の官職に実体はなく、ただその官職名を名乗ってよいというだけなのですが、旗本にとってはたいへんな名誉になりました。なにしろ一般の大名でも、位階は従五位下ですから、これと数百石から数千石の旗本が並ぶことになるのです。

どの官職名を選ぶかは、任命される旗本の自由でしたが、老中などの高官がすでに名乗っている官職名は遠慮する必要がありました。もちろん、たとえば能登守を選んだからといって、能登国の支配を任されるわけではなく、あくまで名前です。しかし、布衣役が、幕府限りの序列であるのに対し、諸大夫の場合は、実際に朝廷から任命書類が発行されます。ただし、無料ではなく、書類を作成する公家たちへの礼金が二百両ほども必要でした。

諸大夫役には、まず遠国奉行があります。遠国にある幕府直轄地の行政官です。長崎奉行、京都町奉行、大坂町奉行、奈良奉行、山田奉行、駿府町奉行、日光奉行、佐渡奉行などです。ただし、佐渡奉行は、布衣役のままのこともあります。遠国奉行を務めると、作事奉行、普請奉行、小普請奉行などの下三奉行、そして町奉行や勘定奉行などに昇進していきます。これらも当然、諸大夫役です。こうした高位の旗本には、大名も丁重な対応をとりました。

勘定奉行と勘定吟味役

勘定奉行は、幕府財政と幕府直轄領の政治と裁判を管轄する要職です。定員は四人で、勝手方、公事方に分かれ、それぞれ二人ずつが担当しました。勝手方は幕府財政を担当し、公事方は幕領の訴訟を審理します。また、一人は幕府の主要街道を管轄する道中奉行を兼帯しました。

勘定奉行の役高は三千石です。

配下の勘定吟味役は布衣役ですが、勘定奉行に並ぶ強い権限を持っていました。その下には勘定組頭がおり、職務を分担しています。もし奉行が大臣ならば、これが局長クラスで、十名ないし十三名がいました。その下に、勘定、支配勘定という職員がいます。勘定以上が御目見得です。

人数は、一七二三（享保八）年には、次のような陣容でした。

御取箇改（幕府直轄領の年貢徴収を監督）　組頭二人　御勘定十人
諸向御勘定帳改（幕府の諸部署の勘定を監督）　組頭三人　御勘定六十人
御代官品々伺書吟味（代官からの伺書を吟味）　組頭三人　御勘定三十人
御殿詰（江戸城に詰めて御用を承る）　組頭三人　御勘定二十人

御勝手方納払御用（予算の執行にあたる）　組頭なし　御勘定七人

それなりに大勢の人員が配属されていますが、それでもまったく足りなかったようで、享保年間には御勘定に大幅な増員が命じられています。その結果、御取箇改は「本役《ほんやく》」十五人と補助役の「助《すけ》」が五人、諸向御勘定帳改は八十一人、御代官品々伺書吟味は五十人、御殿詰御勝手方納払御用は本役十五人で助が五人になりました。

勘定所では、筆算ができない者は御用に差し支えるので、筆算の吟味を行い、別の役職へ異動させることもありました。また、小普請のうちから、筆算に長けた者を御勘定に入れることもありました。

幕府直轄地の代官は、勘定が務め、支配勘定から昇進することもありました。代官よりも大きな支配領域を任される郡代は、勘定組頭クラスの者が任じられました。一方で、関東郡代の伊奈家や、伊豆韮山の江川家のように、代々世襲する郡代や代官もいました。

勘定奉行が、両番→目付→遠国奉行と進んで昇進していくのに対し、勘定吟味役は、御勘定→勘定組頭、と実務経験を積み重ねて昇進する役でした。しかし、監査役であるため一切物を受け取らず、勘定組頭のうちに貯めた金をみななくしてしまうと言われました。

勘定奉行が勝手方《かってかた》二名と公事方《くじかた》二名に分かれたのも享保年間からです。財政を扱う勝手方の方が権力がありましたが、幕府の最高司法機関である「評定所」に出席するのは公事方だけです。

勝手方勘定奉行は、幕府の諸役所から要求される金額を吟味し、出金を許可する書類を発行しました。この時、勘定吟味役の判が必ず必要でした。お金を渡すのは、配下の御金奉行です。

勘定所には、江戸城の納戸口を入った右側にある御殿《ごてん》勘定所と大手門横の下《しも》勘定所の二カ所あり、御殿勘定所には勘定所中之間《なかのま》と内座《うちざ》があり、内座には勘定奉行と勘定吟味役が詰めました。一方、勘定所の職員の多くは、下勘定所で実務を行いました。

勘定所支配の役職には、まず全国に配置される郡代や代官があります。郡代は、広範囲の幕領を支配する代官を特別に呼んだものです。郡代と代官には定員がなく、一七一二（正徳二）年には六十三名いましたが、次第に減ってほぼ四十名ほどでした。郡代は、関東郡代のほか、美濃郡代、西国筋郡代、飛驒郡代が加わり、四人になりました。

しかし、任務の重要性のわりに格は低く、関東郡代以外の郡代は四百俵で布衣役、代官は百五十俵です。ただし、これに別途役料がありました。

幕領の年貢は、多くは浅草にあった米蔵に納められます。この米蔵から幕臣の俸禄や切米、その他の米穀の出納を担当するのが浅草御蔵奉行です。定員は二名で四百俵高でした。そのほか勘定奉行支配の役職には、切手米手形奉行、蔵奉行、縄竹残物奉行、金奉行、銭奉行、林奉行、漆奉行、油奉行、川船奉行などがありました。

多忙な町奉行

旗本の就く役職で、最も重要で権力もあり、また忙しかったのは、やはり町奉行でしょう。

町奉行所は、現在で言えば、東京都庁に警視庁、さらに東京地方裁判所を併せた役所です。その定員は二人、老中支配で役高は三千石です。役高のほか、役金二千五百両が支給されました。これは、奉行所の筆墨紙、蠟燭、灯油、炭、提灯などの経費や手柄をあげた与力・同心への褒美などに使われますが、闕所（罪人から没収した財産）・過料（罰金）などから捻出されたようです。支配の牢屋経費などもこの役金から支出されます。

町奉行は、日々四つ時（午前十時頃）前に登城し、老中が登城するのを待ちます。老中が登城すると、その御用を伺い、他の役職の者とも公用文書などを往復します。そして用事が終われば、いまだ老中が城に残っていても、「御断《おことわり》」と称して、帰宅できます。おおむね午前中に終わりますから、午後は町奉行所において諸事務の決済などをします。

また、町奉行も勘定奉行と同じく幕府中枢の評定所のメンバーを務めます。評定所の審議には、譜代大名が任じられる寺社奉行と老中一人も加わりますが、その中でも町奉行の意見が最も尊重されたと言います。

南北に分かれた町奉行所には、それぞれ与力二十五騎と同心百人が付属されていました。彼らは、ほとんどが世襲で、役務については子供の時から教えられ、経験を積んでいました。

一方、町奉行になった旗本は、自分の家来を二名だけ内与力《うちよりき》とし、他の与力や同心への取次にあたらせました。内与力は、奉行所内の用部屋に詰め、奉行からの指示を他の与力や同心に伝え、与力や同心たちから提出される公用文書を奉行へ取り次ぎます。内与力には、同心から十五人を選んで「手附《てつき》」と呼ばれるアシスタントとして、裁判関係の書類のとりまとめなどもさせます。

つまり、町奉行は、法曹や警察業務の専門家集団である与力や同心に直接対するのではなく、秘書である内与力を介在させて、指示がスムーズに行き渡るようにする体制をとっていたのです。

町奉行所の定廻《じょうまわり》同心（警察業務を担当する者）は、現在の警視庁捜査一課の課長職に相当します。刑事にあたる岡引《おかっぴき》などの部下は、同心が私的に召し抱える者でした。

江戸の各町には名主が置かれ、その上に町年寄が三人いました。町年寄は、いずれも江戸草創期以来の旧家である、樽《たる》、舘《たち》、喜多村《きたむら》の三家が世襲で務めました。

江戸の秩序は、各町の自治によっておおむね保たれており、喧嘩や公事訴訟などささいなことは町名主が裁きました。犯罪者を町内から出したり、町奉行の耳に入らないようにしたりするのが、町名主の働きの一つだったのです。

しかし、傷害事件や殺人事件など重大な犯罪があれば、町奉行所が乗り出します。

北町奉行所と南町奉行所の扱う業務は同じで、訴訟の受付を月番、つまり一カ月交替で行っていました。ただし、商業については、窓口が分けられました。たとえば呉服・木綿・薬種問屋は町年寄の舘の掛りで南町奉行所、書物・酒・廻船・材木問屋は樽の掛りで北町奉行所というように、それぞれ受け持ちがありました。

与力は、現在の都庁であれば部長クラスに相当します。とくに与力の筆頭は年番役といって他の与力や同心を監督し、金銭の出納、営繕、人事などを掌握しました。いわば副知事のような存在です。

世襲の与力は、南北町奉行所にそれぞれ二十三人おり、各掛りを分担しましたが、まだ若く経験不足などで能力がないと思われた者は臨時の出役の時に同心たちの働きを監督する「検使」を務める番方与力となりました。番方与力には定員はありませんが、おおむね半数ほどが番方でした。そこから次第に掛りを任されるようになったのです。

与力の知行はおおむね一人二百石で、具足などは自己負担でした。二百石と言えばれっきとした旗本の知行高ですが、町奉行所の与力は御目見得を許されていません。与力は、侍二人、小者六人を召し抱えることになっていましたが、平日は草履取り一人を召し連れるぐらいでした。

同心は三十俵二人扶持ですから、与力と同心は身分的にはずいぶんな違いがあります。

御家人の勤務

江戸城に勤務したのは旗本だけではありません。御家人も勤務しています。しかし、御家人の場合は昇進がほとんどなく、代々同じ職務に従事する者が多いのです。

江戸城大手三ノ門脇には百人番所があり、鉄砲百人組が警備にあたりました。この百人組の同心は御家人です。また、大名で混み合う大手門から玄関に至る道の交通整理にあたるのは徒目付と小人目付です。徒目付は、目付配下の重要な役で、御家人の一番の出世場所とされ、旗本に取り立てられる者も少なくありませんでした。

将軍の図書館である紅葉山《もみじやま》文庫を管理する職は書物奉行ですが、その配下の書物方同心も御家人です。彼らは奉行の指示で、多くの蔵書の整理や風干しなどに従事しました。

御徒《おかち》は、将軍の外出に随行してその警備にあたりました。そのため、黒縮緬の羽織を支給され、公務で外出する時に着用しました。これは、鷹狩りなどで将軍が外出する時に着用するのと同じもので、もし不慮の事態が起こった時は、随行している御徒の中に身を隠すことになっていました。江戸城中で能が催される時も、縁側の下に数名の御徒が黒羽織を着て控えました。

現在もJR山手線の駅名に残る「御徒町《おかちまち》」は、その名の通り、御徒の屋敷地があったところです。御徒や鉄砲組同心など下級幕臣である御家人たちの屋敷地は、「組屋敷《くみやしき》」といって、組単位で与えられました。御徒一人あたりの屋敷地は百坪前後で、建物は自費のため玄関三畳に八畳と六畳、それに台所と雪隠という建坪二十坪ほどに過ぎませんでした。庭は畑にしてナスやキュウリを栽培したり、あるいは地代を取って人に貸したりしました。

御徒の世禄（代々与えられる家禄）は、七十俵五人扶持です。一俵は三斗五升入りですから、七十俵だと米二十四・五石です。米の値段はその年の相場によって変動しますが、百俵（三十五石）につき四十両ほどですから、七十俵の世禄は金二十八両ほどになります。一両を現在の十二万円とすれば、年収三百三十六万円ほどになります。

これに五人扶持がつきます。一人扶持は、一日玄米五合の割合で支給されることになっており、一年で五俵、知行高で言えば五石相当でした。五人扶持だと年間二十五俵です。

御徒クラスだと、下男や下女を雇うことはほとんどなかったということです。子供が多ければ子守の少女一人を置くぐらいでした。御家人や小普請の旗本は、傘張りやおもちゃ作りなどの内職に精を出しましたが、御徒は公務が忙しく内職はほとんどできなかったと言います。

もっとも御徒には、人物に応じて御目見得以上の役職に登用の道が開かれていて、それを目指して職務や学問に励む者が多かったと言います。御徒は、将軍の身辺を守る役目だったことから、その職の励みになるように登用の道が開かれていたのです。このため御徒は、他の御家人にくらべて品行には雲泥の差があり、内職などにもあまり励まなかったということです。

学問吟味

「寛政の改革」を主導した老中首座、松平定信は、幕府大学頭林家の私塾を昌平坂学問所とし、朱子学以外の学問を教えることを禁じます。そして、この学問所で幕臣の試験をし、埋もれている人材を見出そうとしました。

一七九二（寛政四）年九月に行われた第一回学問吟味《がくもんぎんみ》では、四書五経（論語、孟子などの儒学の基礎文献）の知識を問う問題が出題されましたが、受験者に対する判定者の評価がまちまちで及第者が出ず、失敗に終わりました。

二年後に行われた第二回学問吟味では、あの遠山の金さんの父親である遠山金四郎景《かげ》晋《みち》や戯作者として高名な太田南畝《なんぽ》などの及第者が出、以後、第六回学問吟味まで、三年に一度の頻度で学問吟味が実施されました。

幕府の昇進政策は、依然として家格重視であったことも事実です。学問吟味は義務ではなく、学問吟味を受けずに昇進する方が主流でした。

しかし、家格の低い者は、学問がないとスタート地点にさえ立てません。また、学問吟味が実施されるようになると、幕臣の登用は次第にこの結果が重視されるようになりました。学問所で学び、後に歴史学者となった薩摩藩出身の重野《しげの》安繹《やすつぐ》も、「出世に関係する。あそこを及第すると履歴になりますからな」と述べています（『旧事諮問録（下）』「昌平坂学問所の事」岩波文庫）。

試験の採点は、試験官が特定の受験者にひいきすることを防止するため、答案作成者の姓名を隠し、さらに筆跡から作成者がわからないように、答案を読み上げながら採点したといいます。こうした厳密な試験制度は、官吏養成学校としての帝国大学の入学試験として受け継がれます。こうした受験制度が導入された当初は、家格制度を相対化するものだったのです。

4　幕府制度の近代化

開幕から国家制度、官僚制度を充実させていった江戸幕府ですが、その制度の基本が大きく変わることはありませんでした。

しかし、十八世紀末頃から外交問題に直面することになり、とくに一八五三（嘉永六）年にアメリカ大統領の使節マシュー・ペリーが来航して開国を要求、翌年には和親条約の締結を余儀なくされます。いやおうなく外交にあたる役職を設けることになり、また国防のために軍備の近代化を進め、陸軍奉行や海軍奉行など、新しい役職を設けて対応することになります。ここでは、幕末の幕府の役職を見て行きましょう。

海防掛と外国奉行

一七九二（寛政四）年、老中首座松平定信は、根室に来航して日本との交易を求めるロシア使節ラクスマンの問題に対処した後、沿岸警備の必要性を痛感し、自ら海辺御備御用懸となります。これが、後の海防掛《かいぼうがかり》の始まりだとされています。

この後も海岸に外国籍船がたびたび現れ、対外危機意識も徐々にではありますが高まっていたところ、一八四〇（天保十一）年に、アヘン戦争で清国がイギリスに敗北したとの情報が伝えられると、老中の土井利位《としつら》と真田幸貫《ゆきつら》があらためて海防掛になりました。これらは、専門の部局というより、老中の中で対外関係処理のための担当を決めたということでしょう。

一八四四（弘化元）年には、オランダ国王が幕府に開国を勧める国書を送ります。これを受け入れることを拒否した老中の水野忠邦ですが、翌年には辞任し、阿部正弘が老中首座になりました。阿部正弘は自ら海防掛となり、同じく老中の牧野忠雅、若年寄大岡忠固《ただかた》、同本多忠徳《ただのり》も海防掛に任命しました。老中だけではなく、若年寄にも担当させることになったわけです。これ以来、海防掛は、定置の役職となりました。

当然のことながら、老中も若年寄もいわば閣僚なので、実務を担当するわけではありません。そのため、大目付、勘定奉行、勘定吟味役、目付の中から、特に優秀と思われる者を選び、海防掛に任じました。これが、部局としての海防掛で、彼らは、実務を担当するとともに、海防掛老中らの諮問に答えて、さまざまな答申を提出します。幕府の外交方針を決める上で海防掛が重要な役割を果たしたことはもちろんですが、国内政治においても海防を基本に据えるために改革を提唱するようになります。こうしたあり方は、江戸幕府に特徴的だと言えます。

つまり、役職の権限がはっきりとは決まっておらず、上位の役職にある者が支配層の一員として意見を具申することがよくあったのです。

そして、ペリーの来航によって、一八五四（安政元）年三月、日米和親条約が締結されます。この条約の締結によって、欧米諸国との外交にあたる部局が必要になりました。老中堀田正睦《まさよし》が現在の外務大臣にあたる外国事務取扱となります。そしてその下に、海防掛が付属されました。いわば、外務省的な役所ができて、その中に防衛の役割も与えられたわけです。

しかし、一八五八（安政五）年六月に日米修好通商条約が調印されると、幕府は海防掛を廃止し、外国奉行を設けました。

初代の外国奉行は、田安家家老の水野忠徳《ただのり》、勘定奉行永井尚志《なおむね》、目付岩瀬忠震《ただなり》で、下田奉行井上清直《きよなお》、箱館奉行堀利熙《としひろ》も外国奉行との兼帯を命じられています。

つまり、それまでの海防掛に任じられていたような有能な旗本を、幕府の制度上に位置づけた新設の奉行としたわけです。外国奉行は、役高二千石、老中支配で諸大夫役。かなり高い位置づけですが、勘定奉行よりは下でした。

水野忠徳ら五名で始まった外国奉行ですが、定員はなく、一八六四（元治元）年には九名になっていました。外国奉行の配下には、三百石高・役料二百俵の支配組頭、百五十俵・役扶持二十人扶持の支配調役、支配調役並などが置かれます。

文久の幕政改革

しかし、開国に反発した尊王攘夷運動が起こり、大老で修好通商条約の締結を進めた井伊直弼《なおすけ》が暗殺される桜田門外の変が起こると、これ以後、幕府の力では抑えきれない事態が次々に起こるのはご存じの通りです。

とくに、一八六二（文久二）年、薩摩藩主島津忠義《ただよし》の父である久光《ひさみつ》が、兄で前藩主の斉彬《なりあきら》の遺志を継いで兵を率いて上京したことで、大きな流れを作りました。これを「率兵上京《そっぺいじょうきょう》」と言いますが、朝廷に献言し、幕政改革を要求する勅使派遣を要求します。

孝明天皇は、側近の大原重徳を勅使として江戸に派遣することを決定、久光は重徳の警備を担当して江戸へ同行します。

この時、朝廷が申し入れた意見は、次の三項目です。①将軍が諸大名を率いて上洛し、攘夷の国是を協議すること。②沿海の五大藩の藩主を五大老に任じ、国政をとらせること。③一橋慶喜《ひとつばしよしのぶ》を将軍後見職に、松平慶永《よしなが》（春嶽《しゅんがく》）を大老職につけること。

江戸時代、幕府の政治制度について朝廷が口を出したのは、これが初めてです。ペリーが来航して開国を求めてきたとき、老中筆頭の阿部正弘が諸藩から意見を徴収したことはありますが、外様大名の方から表だって幕府に意見したことも前代未聞です。

しかし、老中たちは朝廷の意向を拒否することもできず、幕府は一橋慶喜を将軍後見職とします。同年の七月には政事総裁職という役職を新しく設け、すでに復権して幕政参与となっていた越前藩主の松平春嶽をこれに任命しました。大老でなく政事総裁職にしたのは、これまで家門大名が大老職になったことがなかったからで、この期に及んでも、老中たちは幕政の先例にこだわりがあったのです。

当時、政治の中心は、京都に移りつつありました。久光の率兵上京をなすすべもなく見守るだけだったように、幕府の京都における力は衰えていました。本来、京都の治安維持は、京都所司代の任務で、軍事力が必要な時は、京都守護の任を家康から与えられていた彦根藩井伊家が協力することとされていました。実際にそれが必要とされる事態は、これまで二百五十年以上もなかったのですが、それがずっと井伊家の家格だったわけです。

ところが、「桜田門外の変」で大老を務める藩主井伊直弼が暗殺され、彦根藩も十万石の削減を受けていたので、もはや幕府は彦根藩に京都守護の任務を命じることはできません。慶喜や春嶽が指導する幕府は、家門大名の会津藩主松平容保《かたもり》を説得して、新設の京都守護職に任命しました。

このように、本来は幕府の政治に関与しないはずの、高い家格の御三卿《ごさんきょう》、家門大名、外様の大藩などが、政局の主なプレーヤーとなってしまうのです。

こうなると、逆に従来の老中を軸にした幕政機構は有効に働きません。

老中の内閣制

文久の幕政改革で重要なのは、幕府の軍制を西洋式陸軍の編成にする軍政改革です。幕府の武芸訓練機関として一八五四（安政元）年に設立されていた「講武所《こうぶしょ》」でフランス式の陸軍演習を行い、一八六二（文久二）年に講武所の奉行を務めていた黒羽藩主の大関増裕《おおぜきますひろ》を陸軍奉行に任命します。

歩兵、騎兵、砲兵の三兵を統率し、講武所と陸軍所を統括する陸軍奉行には、大関の他にも譜代大名や大身の旗本が任命され、その上に陸軍総裁を置きますが、これには徳島藩主の蜂須賀斉裕《なりひろ》が任命されました。蜂須賀家は、本来は外様大名ですが、斉裕は十一代将軍家斉の子息で蜂須賀家へは養子に入っていたので、幕府の重職に就くことができたのです。しかし、これは名目上の責任者に過ぎません。

むしろ実質的な働きは、翌年に設けられた陸軍奉行並《なみ》に期待され、これには幕臣の中でも評判の高かった小栗忠順《おぐりただまさ》が任ぜられました。

しかし、尊王攘夷運動の高まりから暴発した長州藩に対し、幕府は一八六四（元治元）と一八六六（慶応二）年の二度に亘っていわゆる長州征伐を行いますが、第二次長州征伐では新式銃などの軍備を充実させた長州軍に苦戦します。そして、戦況が膠着している中で、同年七月に十四代将軍家茂が大坂城で没します。

家茂の後、御三卿の一橋家から徳川宗家を継いで十五代将軍となった慶喜は、フランス公使のロッシュの提案を採用して、老中が合議で政治を行うのではなく、将軍のもとで担当によって責任を分担する、一種の内閣制に政治体制を改めます。これによって、それまでの老中を陸軍総裁、海軍総裁、国内事務総裁、会計総裁、外国事務総裁などに任じます。

慶喜は、とくに信頼する老中の板倉勝静《かつきよ》には、逆に特定の事務分担を持たせず政務を総覧させたので、板倉はいわば老中内閣の首相に相当し、近代的な内閣制度の萌芽がここにあったと言えます。

しかし、先述の通り従来の政治機構が機能しない上に、矢継ぎ早に制度が変わり、また人事が発せられるため、幕府の対応は実効性を欠くようになります。

政権の中枢であるはずの老中も、江戸と京都に分かれて所在するなど、連携を欠いていきます。合議制から担当制へ切り替えるなど、近代的な組織への変換も、もはや政局を打開するには至りません。

一八六七（慶応三）年十月、薩長の連携による武力討幕が計画されていることを察知した幕府は、機先を制して朝廷に政治の大権を返上する「大政奉還」を申し出ます。幕府や慶喜の狙いは、新たに作られる大名の会議で主導権を握り返すことでしたが、それがかなうことなく、徳川家は政治の表舞台から退くことになります。

終章　格差解消の時代――近代・現代

江戸時代が終わって明治維新が始まると、国家制度は次々に近代化されていきます。公家、武家にそれぞれ残る旧習も、まったく無視されるわけではありませんが、半ばは廃止され、半ばは残っても多くは有名無実化します。

とくに「四民平等《しみんびょうどう》」によって、武士が特権階級ではなくなり、社会にあったさまざまな格差も解消されていきます。公家、武家の上級層こそ「華族」として特権階級を形成しますが、国政において旧来のような地位を占めることはなく、官僚も試験によって選ばれるなど、血筋や世襲は格差を生む因子ではなくなっていくのです。

この本の最後に、近代から現代までの流れを概観した上で、日本史における格差と序列をどのように考えればよいのか、現在格差とされるものに処方箋はあるのか、といったことを考えてみたいと思います。

王政復古の大号令

一八六七（慶応三）年十二月九日、朝廷は江戸幕府の大政奉還を受けて、「王政復古《おうせいふっこ》の大号令」を発します。ただし、王政復古と言ってもそれは天皇による親政を指すもので、旧来の朝廷の制度にすべて戻して政治を行おうとするものではありません。江戸時代において朝廷の運営は、関白を中心に幕府との連絡役をつとめる武家伝奏、天皇の側近としてその手足となる議奏などが担っていましたが、そうした役職は廃止され、新しく「総裁《そうさい》」「議定《ぎじょう》」「参与《さんよ》」の「三職」が置かれます。

そして、最高位の総裁には、皇族の有栖川宮熾仁《たるひと》親王が就きましたが、議定、参与には皇族や公家だけでなく、武家である大名やその家臣までが加わりました。

まず議定には、左記の十名が就きました。

皇族——仁和寺宮嘉彰《よしあきら》親王、山階宮晃《あきら》親王
公家——中山忠能《ただよし》（元権大納言、議奏）、三条実愛《さねなる》（同）、中御門経之《つねゆき》（元権中納言）
大名——徳川慶勝《よしかつ》（尾張藩）、松平春嶽（越前藩）、浅野長勲《ながこと》（安芸藩）

山内容堂《ようどう》（土佐藩）、島津忠義（薩摩藩）

皇族が入っているのは、天皇の親政であることを示すためですが、ほとんど名目だけの存在です。公家からは大政奉還に先立って倒幕の密勅を出すために動いた公家が任命され、大名からは徳川慶喜の大政奉還に寄与した山内容堂や浅野長勲のほか、徳川将軍家の一族である徳川慶勝や松平春嶽が加わっていることが注目されます。さらに、ほどなくして公家では岩倉具視《ともみ》と三条実美《さねとみ》、大名では伊達宗城《むねなり》（宇和島藩）も議定に加わります。議定たちの会議は「上《かみ》の会議」と称され、これを主導したのは下級公家であった岩倉具視でした。

一方、実務的な議論を行うのは「下《しも》の会議」と称された参与たちの会議です。公家からは孝明天皇の側近で参議だった大原重徳など五名が、藩主が議定になっている五藩からは各三名が選ばれ、薩摩藩の西郷隆盛、大久保利通、土佐藩の後藤象二郎、尾張藩の田中不二麿《ふじまろ》、越前藩の中根雪江《ゆきえ》、安芸藩の辻将曹《しょうそう》などが参与となります。

大原たち公家も早くから倒幕に関与していましたが、それほどの影響力はありません。実質的には、倒幕運動を担ってきた雄藩の下級藩士と、それに協力した大藩の上級藩士が会議の中心となる構図です。

こうしたいわゆる寄り合い所帯の人員構成ですから、まだ西郷や大久保といった尊攘運動の大物でも、自由に新政府の方針を決められる状態ではありません。しかし、宮中の会議に、本来は下級武士でしかない者たちまでが加わるような時代が来たのです。

また、長州藩はこの時点ではまだ禁門の変の罪を許されていないので、その藩士たちはまだ参与会議のメンバーには加わっていませんが、後には木戸孝允《たかよし》や広沢真臣《さねおみ》などが参与になり、新政府で重きをなしていきます。

さて、発足当初の議定会議では、大政を奉還して朝廷へ恭順の意を示している徳川慶喜と旧幕府（＝徳川宗家）の処遇を巡って意見が鋭く対立します。しかし、この間に大坂で謹慎していた慶喜が、旧幕臣たちの強硬意見を押さえきれなくなり、一八六八（慶応四）年正月、京都南郊で旧幕府軍と新政府軍との間で戦端が開かれてしまい、「鳥羽・伏見の戦い」が起こります。そして、以後一年余り、新政府軍と旧幕府軍、あるいは佐幕派の諸藩との間で「戊辰戦争」が戦われることになります。

そうなると、新政府の中心メンバーは、政治だけでなく軍事的な役割も持つようになり、総裁の有栖川熾仁親王は東征大総督に就任します。また、三条実美と岩倉具視は副総裁に昇格しました。

注目すべきなのは、総裁の直属機関として設けられた総裁局に、補弼と顧問という役が置かれ、補弼に公家の中山忠能、正親町三条実愛がなり、顧問に木戸孝允、小松帯刀、後藤象二郎が任命されたことです。これにより、有力藩の藩士たちが政治の方針も決定していくことになったのです。

同年四月、江戸城が無血開城され、実質的にも幕府が解体されることになると、翌閏《うるう》四月に新政府は「政体書《せいたいしょ》」を出して政権の基本的な構成を示します。最高機関として太政官が置かれ、左大臣・右大臣各一名、大納言三名、参議三名が政治に参加することになります。

ただし、実質的に政権運営の中心となるのは、「七官《しちかん》」と呼ばれる官制による七つの部署で、議政官（立法）、行政官（行政事務全体の統括）、会計官（会計）、神祇官（神祇）、軍務官（軍政）、外国官（外交）、刑法官（司法）によって、政府内におけるある種の権力分立を図ります。それぞれの責任者には、議定と参与が担当を割り当てられて「総督」と「掛《かかり》」という役職名が与えられました。

既存の人材を登用

しかし、参与などに就いて政治を主導することになった者たちは、これまで尊王攘夷運動に挺身してきたいわゆる志士たちの生き残りで、元は下級武士であった者がほとんどです。行政手腕のある官僚と言うよりは、政治運動家的な存在ですから、こうした人々だけではもちろん国家の行政はできません。その下部で国家組織を具体的に運営する実務的な官僚機構とその人材が求められました。

ところが、公家たちは長らく国家の行政からは離れていましたから、そのような人材は旧幕府か諸藩の政庁にしかいません。そして、旧幕府とはこれまで対峙してきた経緯がありますから、新政府としては当初は諸藩からの人材をあてにするしかありません。

新政府では、発足から間もない一八六八年一月、「徴士《ちょうし》制度」を定めました。これは、諸藩から有能な人士を新政府へ徴するというものです。

徴士は、藩主との主従関係を離れ、天皇の直臣となることとされていましたが、戊辰戦争が新政府優勢のうちに推移するにしたがって、諸藩から徴士が出されるようになります。徴士の主力は、当然ながら藩主や元藩主が議定になっている薩摩、土佐、越前、尾張、安芸などの諸藩で、倒幕の主力となった長州や佐賀もそれと同等の役割を果たしていきます。

これまで名前の挙がっていた大久保利通ら参与などのほか、幕末維新の著名人では、長州藩の前原一誠《いっせい》、伊藤博文《ひろぶみ》、山県有朋《ありとも》、越前藩の由利公正《きみまさ》、紀州藩の陸奥《むつ》宗光《むねみつ》、土佐藩の福岡孝弟《たかちか》、佐々木高行《たかゆき》、佐賀藩の副島種臣《そえじまたねおみ》、大隈重信《しげのぶ》、大木喬任《たかとう》、薩摩藩の吉井友実《ともざね》、川村純義《すみよし》らがいます。

そのほか、加賀藩、大垣藩、鳥取藩、岡山藩、宇和島藩、熊本藩なども多くの人材を出しています。最終的に、六百人ほどの徴士が新政府に加わりました。

版籍奉還と二官六省制

一八六九（明治二）年五月、箱館の戦いに勝利して戊辰戦争を終結させた新政府は、翌六月に「版籍奉還《はんせきほうかん》」を実施します。「版」とは版図のことでつまりは領地、「籍」とは戸籍でつまりは民のことです。ようするに、諸藩の藩主が領地と人民を朝廷へ返上することになったのです。藩主自身は新たに「知藩事《ちはんじ》」となりました。

一見、新たに職名が付いただけのように見えますが、最大の変化は、藩士や領民たちが藩主との主従関係から切り離され、すべての人間が天皇の臣民となったことです。したがって徴士制度も不要となるので廃止されました。

そして、翌七月には「職員令」が定められて、「二官六省」制が発足します。

二官とは、古代の律令制と同じく太政官と神祇官で、やはり国家にとってより重要なのは太政官です。太政官は、政体書による太政官と同じく、左大臣・右大臣各一名、大納言三名、参議三名によって構成されました。

当初、左大臣は空席で、右大臣は三条実美、大納言は岩倉具視、徳大寺実則（鍋島直正が補充）、参議は前原一誠（長州藩）、副島種臣（佐賀藩）、大久保利通（薩摩藩）、広沢真臣（長州藩）です。

また六省は、「民部省、大蔵省、兵部省、刑部省、宮内省、外務省」です。古代律令制の八省と比べると、中務省、式部省、治部省がなくなり、外交を担当する外務省が新設され、さらに一八七〇（明治三）年に工部省が、翌年に文部省が新しく置かれるなど省庁は以後も再編を続けていきます。

こうした各省を統括するのは長官である「卿」以下、「輔（大輔・少輔）」、「丞（大丞・少丞）」、「録（大録・少録）」の四等官（長官—次官—事務官—書記官）で、すでにお気づきの通り、各省の名称や四等官制とその官職名など、おおむね古代律令制のそれを踏襲しており、まさに律令官制が近代国家の官職制度のモデルとなったことがわかります。

ただし、当然のことながら近代国家の二官六省は、古代律令制とはその構成員の出身も役割もまったく違っています。中心となったのは、もはや公家やその従者である地下人たちではなく、元は武士だった者たちです。そして、期待されたのは武人としての軍事能力ではなく、官吏としての行政能力でした。約二百七十年の泰平の時代は、本来は武芸を専らにしていた武士たちを、行政官僚としての能力を持つ人材集団に育て上げていたのです。

太政官三院制

一八七一（明治四）年七月、「廃藩置県《はいはんちけん》」が行われます。

これまでの「藩」が「県」や「府」（京都、大阪、東京）となったわけですが、これも呼び名が変わっただけではなく、全く旧来の藩主や藩政機構とは離れて、すべてが中央政権の直轄地とされたのです。

版籍奉還で知藩事となっていた旧藩主などは解任され、新たに県令や府知事が任命されます。県令になったのは、そのほとんどが元は下級武士であった者たちです。

そして同月、政府は「太政官三院制」を発足させます。最高意思決定機関としての正院と、立法を行う左院、行政を担当する各省長官で構成される右院の三院です。

正院には、太政大臣のもと、左右の大臣、納言、参議が置かれます。太政大臣は三条実美で、右大臣には岩倉具視がなり、納言はまもなく廃止されます。

そして、やはり実質的に政権を主導したのは左院の参議たちで、木戸孝允（長州藩）、西郷隆盛（薩摩藩）、大隈重信（佐賀藩）、板垣退助（土佐藩）といった人々です。

後には、後藤象二郎（土佐藩）、大木喬任（佐賀藩）、江藤新平（佐賀藩）なども参議に加わりますが、藩閥政府と呼ばれる通り、いわゆる「薩長土肥」の四藩の出身者によって新政府が構成されていたと言えます。

右院の構成も、薩長土肥の旧藩士が各省のトップとなっています。例えば、薩摩藩の大久保利通は大蔵卿、佐賀藩の副島種臣は外務卿で、維新の第二世代と言える人々、たとえば長州藩の伊藤博文や井上馨は大蔵大輔《たいふ》、山県有朋は兵部大輔となりました。

一方で、王政復古の当初には議定などをつとめた公家や藩主たちは、この時点で政府の中枢からはほとんど排除されます。

また、一八七三年に「征韓論論争」をきっかけとした「明治六年の政変」が起こり、西郷、板垣、後藤、江藤、副島が参議を辞任します。そして、江藤は「佐賀の乱（一八七四年）」で、西郷は「西南戦争（一八七七年）」で散ります。さらに、西南戦争に前後して、木戸は病死し、大久保利通は暗殺されます。

こうして、倒幕運動の中心となりそのまま新政府の中枢を担っていた第一世代も、そのほとんどが表舞台から姿を消し、世代交代が急速に進むのです。

士族の有名無実化

右に見てきたように、政権の中心は、元々は下級武士であった人々が握り、政治の担い手となる人々の身分格差はだいぶ解消されたようですが、その武士という身分自体も明治維新によって急速に解消されていきます。

明治維新においては、当初から「四民平等」が唱えられ、いわゆる士農工商の身分制度は廃止されますが、武士は戸籍の上では「士族《しぞく》」として農工商からなる「平民」とは区別されました。また、足軽や中間などの武家奉公人も「卒族《そつぞく》」とされましたが、これは一八七二（明治五）年までに廃止され、多くは士族に編入され、一部の者は平民とされました。

また、士族は経済的な面においても、それまで藩から得ていた俸禄が、版籍奉還によってなくなっています。代わりに新政府から「秩禄《ちつろく》（家禄）」を与えられていましたが、実際に支給される米や現金は大幅に減らされます。

ちなみに「秩」とは官位によって得る俸禄のことで、それに同じ意で禄の字を重ねたのが秩禄という言葉ですが、いくら減額したといっても、まだ国家体制を固めきれていない新政府にとっては、この秩禄の支給は非常に重い財政負担でした。このため一八七六（明治九）年には、秩禄制度も廃止され、士族たちはそれまでの年給額の数カ年分を現金と「金禄公債」でまとめて受け取ることになりました。これを「秩禄処分」と呼びます。

そして同年には、「廃刀令（帯刀禁止令）」によって武士のシンボルであった刀を帯びることも禁じられたので、これ以後は士族の特権と言えるものは、まさに戸籍における「士族」という名目だけになります。

内閣制度の開始と四等官制の廃止

一八八五（明治十八）年十二月、太政大臣三条実美の奏議により、太政官三院制は廃止され、イギリスなどに倣った内閣制度が置かれました。内閣制度は、総理大臣のもとに各省大臣が置かれる体制です。

すでに一八九〇年に開設することが予定されていた国会や、起草が進んでいた憲法の発布に先んじて、政府もそれに合わせた機構改革が必要とされたのです。

総理大臣には、内閣制度を考案した長州藩出身の伊藤博文自身がなり、各省大臣には基本的にそれまで各省の卿を務めていた者が留任しました。それまで長く太政大臣を務めていた三条実美は、内閣には入らず宮中事務を取り扱う内大臣となりましたが、これは旧来の内大臣とは違い、天皇を私的な面から補佐する役目です。

各省大臣を列挙すると、以下のような構成です。

内務大臣　山県有朋（長州）　大蔵大臣　松方正義《まさよし》（薩摩）
外務大臣　井上　馨（長州）　司法大臣　山田顕義《あきよし》（長州）
農商務大臣　谷　干城《たてき》（土佐）＊　文部大臣　森　有礼《ありのり》（薩摩）＊
逓信大臣　榎本武揚（旧幕府）＊　陸軍大臣　大山　巌（薩摩）
海軍大臣　西郷従道（薩摩）　（＊は新任）

その後、政治状況によって総理大臣は伊藤から黒田清隆（薩摩）に交代しますが、各省大臣は継続して務める者がほとんどでした。それだけ担当の職務への専門性がこの時期には必要とされていたということですが、逆に総理大臣の権限は限定されることになります。

また、各省大臣の下にある官僚機構も整備され、翌年二月には、各省の官制が公布されます。各省の次官は総務局長を兼任し、各局には局長、課長を置いて職務を分担することなどが決められ、律令以来の四等官制もここでついに廃止されます。

帝国大学と高等文官試験

一八八九（明治二十二）年に「大日本帝国憲法（明治憲法）」が発布され、翌年の帝国議会の開会とともに発効します。そして、この憲法下で政府を支える官僚の人材養成の機関となったのが帝国大学です。

帝国大学が創立されたのは一八八六（明治十九）年三月。旧幕府の洋学研修機関である「開成所」の流れをくみ、明治新政府の大学東校、大学南校などを再編してできた東京大学に、司法省法学校、工部大学校などを合併して設立されました。この改革を推し進めたのも伊藤博文です。

そして、すでに一八八八年からは、「文官試験」による官吏登用も行われていました。これは、中央政府の官僚機構が藩閥有力者の占有となっており、その下で働く官吏にも彼らの徒党である藩閥出身者が充てられるという弊害があったからです。

同年、土佐藩出身の谷干城は、情実によって官吏が登用されていることを批判する意見書を提出しています。それによれば、行政に必要な事業があるために官職を設けるのではなく、人のために官職を設けているという風があり、旧友や朋党を任用するなど官職を私物化しているというのです。

こうして設けられた試験による官吏の登用制度は、志願者を身分や出身で選別することのない平等なものでした。

何かと問題が指摘されることの多い明治憲法ですが、その十九条には、「日本臣民ハ法律命令ノ定ムル所ノ資格ニ応シ均《ひとし》ク文武官ニ任セラレ及其ノ他ノ公務ニ就クコトヲ得」と、誰でも平等に官僚や軍人となって公務に就く権利のあることが定められていました。

これまでの国家制度では、官僚機構である朝廷や幕府の構成員になるには、血筋や出身による制限を加えられていたものが、制度上、まったくそれがなくなったのです。

新たな官制では、中央省庁でその中心をなす者は「高等官」とされました。高等官には、文官と武官の区別があり、各省を運営するのはほとんどが文官ですが、軍人にもいわゆる将校には、大佐、少尉といった階級の他に、大佐であれば高等官三等、少尉であれば高等官八等といった官制による位置づけがありました。

武官である軍人として高等官になるには、将校の養成機関である陸軍士官学校や海軍兵学校を卒業する必要があり、文官の高等官になるには、高等文官試験に合格する必要がありました。ただし、その試験の難度の高さから、実際には高級官吏の養成を期待されていた帝国大学の卒業生たちが、合格者の多くを占めました。

高等官には、一等から九等までの等級があり、また大きく「勅任官《ちょくにん》」と「奏任官《そうにん》」に分かれます。

まず、一、二等官が勅任官です。勅任官とは、天皇の勅旨によって任命される役職に就くもので、中でも親任式で天皇からその任を直接与えられる大臣や大使などは、とくに「親任官《しんにん》」と称されました。

奏任官は、高等官三等から九等までの官吏です。内閣総理大臣がその採用を天皇に奏上してその勅裁を得て任命されることからこう呼ばれ、各省の主要ポストを占めます。こうしたいわばエリートである「高等官」に対して、実際の人数として官吏の多くを占めるのは、普通文官試験に合格して採用される「判任官《はんにん》」です。軍人では、いわゆる下士官がこれに相当します。

判任官は、各省が独自に官吏として採用するもので、一等から四等に分けられます。高等官への登用もありましたが、昇進や給与の他、高等官とは省内で使う食堂も違うなど、待遇面ではかなり差がありました。ただし、判任官までは正式に官吏とされます。一方、各省庁には、さらに「雇員《こいん》」などとされる現業的な任務に就く人も多くいたのですが、こうした人々は官吏とはされなかったのです。

こうして帝国大学が実質的に官吏養成コースとなり、高等文官試験によってエリート官僚となる者が選別され、それをもとにして官僚は序列化されていったのです。高等官になりさえすれば、もとより出世競争はあっても、昇進の流動性はありますから、格差は高等官の間にはなく、それは高等官と判任官、あるいは雇員との間にあったということになります。これ以降、制度の細部はさまざまに変わっても、高級官僚への基本的なコースは、大学卒業生が試験を経て登用されるものになります。

「華族」という特権階級

こうして中央省庁における官僚機構から血筋や出身による身分格差の解消が進む一方、これまで公卿や諸侯と呼ばれていた公家や大名は特権階級として温存されます。

一八六九（明治二）年の版籍奉還で戸籍上「華族《かぞく》」とされ、家禄を与えられていましたが、一八八四（明治十七）年の華族令によって、その制度がさらに整えられました。

維新当初の時点で、公家は百三十七家、大名は二百七十家あり、さらに明治維新後に新しく公家や諸侯になった家を加えて、四百二十七家が華族となりました。また明治維新で功績のあった者の家も華族になります。

華族は、華族令によって公爵《こう》、侯爵《こう》、伯爵《はく》、子爵《し》、男爵《だん》の五等級に分けられました。爵位は世襲で、各家の当主となった者がその地位を引き継いでいきます。

公爵の爵位を与えられたのは、公家では五摂家《ごせっけ》、武家では徳川宗家、そして明治維新に功績のあった公家の三条家、岩倉家、武家の毛利家、島津家です。島津家からは宗家の他に、藩主の父として実質的に藩政を主導していた島津久光も公爵となったため久光が分家して出来た玉里島津家も公爵家となりました。

侯爵には、公家の清華家《せいがけ》、武家の徳川御三家と、おおむね三十万石以上の国守クラスの大名がなります。他に「国家に勲功のある者」として、木戸孝允、大久保利通、公家の中山忠能も侯爵となります。

伯爵には、公家では大臣家《だいじんけ》や大納言まで昇進する家格の堂上公家、武家では徳川御三卿と十万石以上の大名家がなります。また、伊藤博文、黒田清隆、井上馨、西郷従道、山県有朋、大山巌など、のちに維新の元勲とされた者たちも、木戸、大久保同様に、国家に勲功のある者として伯爵になりました。

子爵には、伯爵にはなれなかった残る堂上公家や大名、維新の功労者がなります。

男爵には、「奈良華族」といって高位の僧職にあった公家出身者を還俗させて興した家や、「付家老」といって御三家の家老の中でも大名の格を認められていた家のほか、出雲大社の世襲神職、浄土真宗の世襲門跡などがなりました。

公爵から子爵までの爵位を持つ家は、その後ほとんど増減しませんが、男爵位だけは国家に勲功があった政治家や軍人、学者、経済界の重鎮などに与えられ、数が増えていきます。

右を見ればわかるように、江戸時代の上流階級は、ほとんどそのまま明治時代にも華族として引き継がれていったわけです。維新に特別な功績のあった大名家や公家は多少優遇されていますが、じつのところ多くは幕末維新における事情は加味されず、むしろ江戸時代までに確立していた家格の序列が、ほとんどそのまま踏襲されたと言えます。

また、こうした制度が認められたのは、藩主たちの私有財産とも言えた「版籍（領地と領民）」を天皇＝国家へ差し出させる以上、その代わりにこうした身分における特権を認めるべきだという考えが、下級武士が中心となった明治政府の中にもあったからだということができます。

華族は、明治憲法制定後には貴族院の議員として、民衆による選挙を経ずに国家に対して特別な発言権も持つことになります。公爵と侯爵は、満三十歳以上になると自動的に議員となり、伯爵、子爵、男爵は、それぞれの階層内での互選で、伯爵は二十人以内、子爵と男爵は各七十三人以内が議員に選ばれることとされました。

「官尊民卑」の序列意識

こうして明治国家は、国民の中の割合としてはごく一部の華族を除けば、身分的には相当に平等な社会となります。もっとも、法的にはともかくとしても、それまでの慣習や意識が一気に変わることはありませんから、実態的にすべての格差や差別が解消されたわけではありません。しかし、それでも婚姻や職業の選択などにおいて、法的に血筋で優遇されたり、また冷遇されたりすることはなくなります。

そして、そうした平等に向かう社会の中では、新しい序列意識が生じていきます。最も大きな序列意識、格差意識をもたらしたのは、いわゆる「官尊民卑《かんそんみんぴ》」です。

福沢諭吉は、一八八五（明治十八）年に発表した「士人処世論《しじんしょせいろん》」の中で、次のように言っています。

官吏には、お金のほかに無形の権力がある。世間に対して鼻高々である。ことに田舎では、官吏の地位が高い。官員様と言えば、用向きの公私を問わず一種特別の人種のごとくに取り扱われる。たとえば、平民と官員が同じお金を払って同席で飲食し、または相撲や芝居を見物する時でも、その場に双方がいれば、年齢の長幼、家の貧富、その人物の優劣を問わず、官員を崇《あが》め尊ぶ。それは実に不可思議な様子である。なおそれよりも著しく奇妙なのは、次のようなものである。官員様が汽船や蒸気機関車の下等に乗り、町人、百姓が中等、上等に乗る。船中車中では上中下の差別が厳重で、上等の客はお金を払っているから堂々とし、下等は窮屈で不自由である。しかし、この客が船から上陸し、また汽車から降りる時は、たちまち態度を改め、上等の客も下等の旦那様に平身低頭することになる。

　実に人間世界の奇妙な光景であるが、これが日本国中の風習である。強いて官員の方から威張るのではなく、周囲が官員を威張らせるのであって、困ったことだと言わざるをえない。

（山本博文訳『現代語訳　福澤諭吉　幕末・維新論集』ちくま新書）


実際には、ごく一部の高級官吏を除けば当時の公務員の給料は低く、その身分も安定しないものであるにもかかわらず、世間では官吏はたいへん尊敬され、特別な地位にあるように思われていた、ということです。

福沢は、そうした風潮に警鐘を鳴らし、若者に官吏だけではなく実業の世界へ目を向けるように諭したのです。

　しかし、江戸時代まで、都市における特権階級は武士という名の官吏たちだったのですから、その慣習的意識から、明治の人々が官吏の地位を貴ぶ考えからなかなか抜け出せなかったのは無理のないことだったのかもしれません。

もっとも、明治維新後も官吏となる者に士族が多かったとはいえ、前述のとおり士族の地位自体は有名無実化してしまっています。それに比べ、旧来通りにそのまま実権を温存し、力があったのは、じつは庄屋などを務めていた農村の地主階層でした。

地主階層には、明治維新後、土地に対する所有権が保証されました。すでに江戸時代においても、実質的には土地の売買などは許されていたのですが、維新によって彼らは農村において、あらためて経済的に最有力の存在となります。

また、地主に土地の所有権が認められたことで、「庄屋→百姓代→自作農→小作農→水呑」といった農村の序列や格差もそのまま残ったのです。まだ、日本の人口の多くが農村を基盤としていましたから、地主層の力は日本全体における比重で考えれば、かなり大きなものでした。

実際、一八九〇（明治二十三）年に、最初の衆議院議員総選挙が始まると、この層から議員となる者が多く出ました。当時は一定の納税額がないと選挙権がなかったため、農村で選挙権を持つ者は地主階級ばかりだったのです。

つまり、都市部に対して農村部では、旧来の序列や格差がかなり残ったのです。

学歴と財閥

一方、福沢が指摘したような官尊民卑の風土は、現在でも日本社会では指摘されることがあります。しかし、官吏になることを志望することは当時から誰にでもできました。そのため、血筋に代わって新たに重視されたのが学歴です。

帝国大学を出た学士は、企業などの民間に出るよりは、官吏や学者となるために官界へ出るのがエリートコースでした。学者への道も帝国大学など官立の教育研究機関へ進むことが望まれました。「末は博士か大臣か」という言葉は、それをよく示しています。

進学率が今とは比べ物にならないほど低かった当時、帝国大学を出た少数のエリートは、官吏となり、その中で出世コースを上って大臣までなることも稀なことではなかったのです。

軍部でも、陸軍士官学校や海軍兵学校を出た後、さらに選抜されて陸軍大学校や海軍大学校で学び、そこで成績のよかった者が最高幹部となっていきます。

戦前は、小学校までが義務教育で、中学校へ行ける層もかならずしも数は多くはありませんでした。しかし、教師を養成するための師範学校や軍の学校では給費が出るので、庶民層がさらに高い教育を受け、教師や軍人となることで立身出世をするというコースも出来上がっていきます。

そして、学歴重視の傾向は民間でも同様に育っていきます。先に、実業への道を勧める福沢諭吉の論を紹介しましたが、彼の慶応義塾の弟子たちには、実業界へ進み成功したものが少なくありません。

国家の権力が強かった明治時代、経済・商業の世界はその方針に従うことが求められたわけですが、三井・三菱・古河など、政府やその高官たちと強い結びつきを持つ企業は、とくに明治十七年頃から行われた官営事業払い下げによって、鉱工業の基盤を持ち、「財閥」と呼ばれる巨大な資本グループへと成長していきますが、そのブレーンとなったのは、高度の教育を受けて海外の知識なども豊富に蓄えた者たちです。

三菱財閥の創業者である岩崎弥太郎は、早くから士族の子弟や大学出身者を積極的に採用していましたし、それは三井などでも同様です。財閥企業は、事業を拡大していくにつれて、大学などで高等教育を受けたものを積極的に採用するようになります。こうして、官僚だけでなく、財閥企業でも大学出身者がその中枢で働くようになります。

このようにして、明治の中頃から政府だけでなく、各界でその中心を高い学歴を持つ者が占めていくようになり、世代交代が進むことによって、明治末期から大正期にかけて以降は、国家の中枢もいわば「学歴貴族」によってしだいに運営されていくのです。

都市の大衆文化と農村の格差

戦前の国家制度、官僚制度は、その多くは明治期までに確立し、その後も大正、昭和と、基本的なところでは大きな制度変更はありません。

ただし、明治期に作られた観念や教育制度などによって育った人々が世の中の多くを占めるようになると、日本の経済的な成長も相まって、大正期から昭和初期にかけて大衆文化が花開きます。小説、映画、絵画など、都市部を中心に新たな文化を受容できる、中流階級が育ち、高い教育を受ける層も、もはやごく一部には限られず、大学の数も昭和の初めには私学を含めて三十校ほどにまで増えるなど、充実していったのです。

ただし、大正期の急速な経済拡大や、また一方で昭和初期の深刻な不況などもあったため、労働運動なども盛んになり、それを抑え込もうとする弾圧もありました。

しかし、それでも都市部で中間層が拡大していき、その意見が無視できなくなったことから、一九二五（大正十四）年に「普通選挙法」が制定され、二十五歳以上の男子は、納税額などによらず全員が選挙権を与えられ、有権者数は一気に約四倍にもなりました。

昭和前期には、軍部の台頭などの問題があって、戦時体制へと突入してしまいますが、格差という面では、それは解消される方向にあったとは言えるでしょう。

しかし一方で、農村の様子は江戸時代とあまり変わらなかったようです。維新期にその土地支配制度が温存されたことはすでに触れましたが、それは昭和期に入っても同様だったのです。

戦前戦後を通して活躍した作家に井伏鱒二《いぶせますじ》さんがいますが、その井伏さんの戦前の作品に『「槌《つっ》ツァ」と「九郎治《くろっ》ツァン」は喧嘩して私は用語について煩悶《はんもん》すること』(『井伏鱒二自選全集 第一巻』新潮社)という長い題名の短編小説があります。昭和初期の農村におけるある種の身分的格差をよくあらわしているので、これをもとに、ちょっと農村の格差を見ていきたいと思います。

作品は昭和十年ごろに執筆されたもので、井伏さんの故郷である岡山の農村をモデルに、農村の階級的な断層と人の呼び方をからめて、これをある種のユーモアとともに描いています。

私の村では各戸主に自負するところがあるかないかの差によつて用語が違つてゐた。地主のうちの子供は「オットサン」「オッカサン」と言ふ。村会議員とか顔役のうちの子供たちは、たいてい「オトッツァン」「オカカン」と言ふ。自作農のうちの子供たちは「オトウヤン」「オカアヤン」と言ふ。小作人のうちの子供たちは「オトッツァ」「オカカ」と言ふ。阿呆らしいやうな話だが事実であつた。そこで、或る小作人の一家がめきめき金をため、田地を買ひ家の建増しなどしたと仮定する。さうするとその家の子供は、いままで「オトッツァ」「オカカ」と言つてゐたのを改めて「オトウヤン」「オカアヤン」と呼ぶやうになる。

これはようするに、「庄屋（地主）→百姓代（村会議員、顔役）→本百姓（自作農）→小作（小作人）→水呑」と、江戸時代の階級感覚が、昭和になっても厳然と残っていて、それが人の呼称にまで表れていたのだと言えます。

私の郷里では人の名前を呼ぶにも階級的区別がついてゐた。東京のやうに一様に「何々ちゃん」とは言はないのだ。謂《い》はゆるいいところの子供の名前を呼ぶときには

「何々サン」と言ひ、その次が「何々ツァン」である。その次が「何々ヤン」その次が「何々ツァ」その次が「何々サ」であつた。「サン」「ツァン」「ヤン」「ツァ」「サ」の順である。

小説では、元々は小作農だったと思われる「槌ツァ」が、商売で成功して村会議員となったので、議会では「槌サン」と呼ばれたいのに、村長である「九郎治サン」があくまで「槌ツァ」と呼ぶことからお互いの子供や警察までも巻き込む騒動が起こります。

さすがに昭和期に入ると、商売などによって序列を上げて村会議員になる流動性は出てきたものの、一方で人の意識はなかなか変わり難い、そんなことを表した作品だとも言えます。

しかし、農村に格差が残ったのは、前述のとおり、維新後に地主層の土地の所有がそのまま認められたためで、そうなると田畑の耕作を基本とする農村では、なかなか序列を上昇させることは難しく、また格差とその意識が強く残ったことも無理はありません。

維新期に克服されなかった序列や格差は、逆にずっと昭和期まで残り、それが解消されるのは、第二次世界大戦の敗北による「戦後」を待たなくてはならなかったのです。

占領下で解消された各種の格差

明治憲法下の体制は、太平洋戦争の敗北と占領軍である連合軍の総司令部（GHQ）の民主化政策によって解体されます。

一九四五（昭和二十）年十一月、三井・三菱・住友など十五財閥の資産の凍結と解体が命じられ、持株会社や財閥家族の所有する株式などは一般に売り出されました。いわゆる「財閥解体」です。

また、翌年の十一月には、「財産税」が賦課《ふか》されました。これは、この年の三月三日現在までに財産を有する者を納税義務者として、財産十万円以上の資産家に対し、二十五％から九十％の課税を行うというものでした。

当時の十万円の価値が実感しにくいですが、現在であれば四、五千万円くらいの感覚でしょうか。最大で九十％の税率ですから、資産家であればあるほど大打撃を受け、それまでの生活を維持できる人はいません。実際、旧華族や財閥家族などからは家屋敷までが物納され、そのほとんどが国の財産となりました。

農村では、旧来の地主層の中でも、小作料などの土地資産からの収入を得ても、自らは都市部で暮らしている者が少なくありませんでした。こうした「不在地主」あるいは「寄生地主」と呼ばれる、在地には居住していない者を排除し、その土地を小作農に分け与え、自作農を創出する農地改革が、GHQの指導により一九四六（昭和二十一）年に開始されました。二次にわたって行われた農地改革によって、不在地主の全貸付地や、在村地主の土地でも一町歩（＝約1ha＝約三千坪）を超える貸付地は国が強制的に買い上げ、優先的に小作農に安く売り渡されました。このため、それまでの地主階級は大打撃を受けます。この農地整理の業務は、地主三・自作農二・小作農五の割合で選ばれた農地委員会によって行われたため、地主層の社会的発言力やその威信も失われることになりました。先に紹介した井伏さんの作品にあったような世界も、ようやくここで解消の方向へ向かっていくのです。

こうして、戦前の上流階級は、都市部でも農村部でもおおむね財産を急速に縮小させました。すべての財産を失ったわけではないので、経済的にはそれなりの生活もできたはずですが、戦後の混乱の中で、新しい生活に対応できずに没落した家も多く、幸いにうまく対応できた人々も、戦前までに身分的な特権や大きな財産を持っていたこと自体が戦後は世間から憎まれたため、それを表に出さないようになり、日本人はさらに格差を感じる機会がなくなっていったのでしょう。

　終戦の混乱により、日本中が非常な困難に陥ったわけですが、皮肉なことに、この戦後の混乱とＧＨＱの占領政策によって、日本には制度的にも現実的にも、突出して富を蓄積している者がさほどいなくなります。こうして日本は、それまでの歴史の中にはなかった、格差のほとんど感じられない社会になったのです。

　一九五一（昭和二十六）年九月、日本政府はサンフランシスコ平和条約に調印し、翌年四月の条約発効により、独立国としての主権を回復しました。

　しばらくは、安保闘争など政治的な混乱も続きますが、一九六〇年に成立した池田勇人内閣以後、経済的には高度成長の時代を迎えることになります。

　工業化の進展によって求められる労働力は、農村から都市に供給される人材によって担われ、中学を卒業したばかりの若者は「金の卵」と呼ばれ、集団で都市に向かいました。彼らの多くはまじめに働き、都会の中流階級となっていきます。

　生活水準が向上すると、高等学校や大学への進学率が上昇していきます。

　一九六八年にピークを迎える大学紛争は、その内実は政治闘争ではなく、進学率の上昇によってエリートではもはやなくなった大学生の「階層的怨恨」だったとする見方もあります。その当否はおくとしても、大学を出ただけでは何の序列化にもならない社会となったのは確かで、単に大学卒であるだけでなく、どの大学を出たかという学歴による序列化が進むことになります。

とは言え、この時点で日本には、「一億総中流」と称されるような平等社会が実現していたと見ることができます。このころの状況があたりまえのように捉えられ、現在の「格差社会」論の前提になっていることが多いようです。

現代の公務員制度

それでは、これまでの日本社会で序列や格差を育んできた官僚制度＝公務員制度は、戦後はどう変化したでしょうか。

戦前との大きな違いは、「天皇の官吏」から「国民の公僕」になったことです。戦前の官僚制度の根幹となっていた高等文官試験も戦後早々に廃止されました。

しかし、じつはその後も公務員の採用方法は戦前とほぼ同じでした。戦前の高等文官試験が戦後は国家公務員採用上級試験となり、その後も国家公務員甲種試験、あるいは国家公務員Ⅰ種試験などと名を変え、現在は国家公務員総合職試験という名称になっていますが、高得点の合格者が、有力省庁のいわゆる「キャリア」と呼ばれる幹部候補生となり、高級官僚として処遇されていることに変わりはありません。

毎年の二百人ほどの採用者のうち、かつては東京大学の卒業生が八十％ほどを占めていましたが、現在では東京大学の卒業生は五十％前後で、これに京都大学、一橋大学、慶応大学、早稲田大学の上位五大学出身者を加えると約八割を超えるそうです。

試験に合格して採用されると、三年目には係長に昇進し、その後、他省庁勤務などの経験を経て八年目に課長補佐となり、本省で課長補佐や企画官、室長などを務めるほか、特殊法人や地方公共団体に出向して部長などの職務を務めます。入省二十年ほどたつと、本省の課長に昇進する者が出て来ます。課長は、複数の局の課長を一、二年で異動していき、五十歳前後で次長や審議官となります。その後、官房長や局長などを経験して事務次官に昇進する、というのが典型的な昇進コースとされます。

一方、一般の公務員試験の合格者は、順当に昇進しても、本省の課長補佐になるのは五十歳を超えてからで、特に優秀な人は局長級まで昇進することもあるようですが、キャリアとそれ以外のノンキャリアの間に、大きな格差があることは明らかです。

ただし、これは江戸時代の武士のように、生まれなどによってそれしか道のなかった人が直面しているものではなく、自分が選択した試験の結果であることなので、単純に格差という言葉だけでは捉えられません。もちろん、現在の官僚制度が理想的だとは全く思いませんが、これは格差の問題ではなく、むしろ、いかにして公務員となる人に国家に効率よく寄与してもらうか、といった組織論に類するものでしょう。

バブルの崩壊と「格差」への恐れ

さて、ここからは現代の日本について考えていきたいと思いますが、今、まさに問題になっているのは、資産や教育の差が、自らだけでなく子供にも影響して、これが固定化して新しい格差を生むのではないかという恐れなのでしょう。

例えば、平成が始まった一九八九(平成元)年ころの「バブル」の時代には、不動産価格が急騰し、とくに都市圏で働く多くのサラリーマン層にとって、通勤時間一時間以内にマイホームを買うなど夢のまた夢、となったことが思い出されます。すでに本人やその親が不動産を持つ人と、持たない人の差が急速に、かつ極端に広がったのです。つまり、この時代は労働によって得る収入よりも、不動産や、株や債券といった金融資産の価値上昇の方がはるかに大きかったということです。

一九九一年に始まるバブル崩壊によって、そうした資産の差は幸か不幸か、ある程度は解消されます。しかし同時に日本はその後、「失われた十年」あるいは「失われた二十年」と呼ばれる長期の不況に苦しめられます。

企業は、企業間競争、国際競争に勝つために、非正規労働力の割合を増やして人件費を圧縮しようとします。そのため、これまでの終身雇用と年功序列によって形成されてきた「一億総中流」社会が、正規労働者と非正規労働者の分離などによって、次第に崩壊しつつある、と捉えられるようになりました。

このため、ちょうど二十世紀の末ごろから、「中流崩壊」とか「格差社会」といった議論が盛んになったのでしょう。二〇〇〇年の『文藝春秋』（五月号）には衝撃レポートとして「新・階級社会ニッポン」が掲載され、『中央公論』も同月号で「『中流』崩壊」という特集をしています。

前者は、外資系金融会社に入って年収数千万円以上を稼ぐ者やＩＴ関連分野で億万長者になった「勝ち組」と、長期信用銀行などバブルの余波で潰れた企業に属していた「負け組」の階層分化を殊更に強調するものでした。これは、同階層内部の浮沈がテーマだったと言えます。対して後者は、中流の崩壊による階層分化によって機会の平等が失われつつあるという分析をしていて、日本社会の変質への深刻な危機感が窺われます。

何が本当の格差か

しかし現在の日本では、普通選挙が格別の不正もなく正常に行われており、成人でさえあれば納税額や資産額などによらず誰もが地方選挙、国政選挙に投票でき、年齢要件や居住条件さえ満たせば議員に立候補することもできます。つまり、政治における制度的な格差は理念的には存在しません。

しかし、経済的な差異は顕在化してきたようです。

フランスの経済学者トマ・ピケティ氏が、税務統計などの膨大な統計資料を駆使して、その著書『21世紀の資本』(邦訳・山形浩生、みすず書房)で明らかにしたところでは、資本収益率は経済成長率を常に上回ると言います。

つまり、「資産の差」は、「勤労による所得」では埋めることができず、その差は時間とともにより広がっていく。そして、その差が固定化して「経済的格差」となって、さらには社会的な格差、制度的な格差を生み出す可能性は否定できません。

ピケティ氏の論や、そこに掲げられたデータには、非常に説得力があります。だとすれば逆に、これまで資産による差異をさほど感じてこなかった私たち日本人は、非常に特殊な経済環境にいたことになります。つまり、資産を持つものが財産税などによりそれを急激に減らしてしまい、一方で勤労所得はどんどん伸びていく、そんな過程に日本経済が長くあったということなのでしょうか。

この辺りは、さらに経済学的な解明が進めばと期待しますが、歴史的な見方から言えることは、現在の「格差」と呼ばれているものは、仮に悲観的に見ても、まだ「経済的格差」が生まれつつある過程に過ぎず、人を法的に特定の状況に固定化するような「制度的格差」ではない、ということです。

もし格差があるとしても、それは親や親族からの資産継承による「経済的格差」なのです。そして、それはこれまでにも個人レベルではそこここであったことのはずです。それが急に騒がれるようになったのは、一つには不況によって多くの人が資産や収入を減らしているので、一方でそれを拡大している人が目立つようになり、その差が実感されるようになったことがあるのでしょう。

戦後、制度的格差だけでなく、少なくとも見た目には「一億総中流」と言われるほど、経済的格差もなくなったわけですが、もはや戦後も七十年を超え、その間に戦争や政府が崩壊するような社会的混乱もありません。そうした非常に安定した状況が日本では続いているので、二代、三代と資産をうまく拡大して継承している家が現実にある一方で、資産がもともとない家もあるので、やはりこの差が顕在化してきたということであるのかもしれません。

私の専門からは外れますが、現在生まれつつあるとされる経済的格差は、景気の浮揚や社会的なセイフティーネットの整備などで、まだ比較的容易に改善することができるものだ、と私は考えます。最近は論戦も整理されてきて、貧困が貧困を生まないように、経済の差が世代間で継承されないように、ということが焦点のようです。

歴史の専門家としての私は、貧困が貧困を生まないようにするには、やはり公教育をさほどの経済的負担なく受けられることがとても重要だと思います。

本書では、たびたび福沢諭吉の言行に触れてきましたが、あの「天は人の上に人を作らず……」という言葉こそ、まさに格差の否定であったはずで、彼が著した『学問のすすめ』が、維新を迎えてこれまでの身分格差を乗り越えようとする庶民に、その手段となるのは教育、学問なのだと広く読まれて、明治最初のベストセラーとなったのは、非常に象徴的に思えるのです。

おわりに（本書のおさらいと結語）

日本社会では、原始社会から古代へ移行するにつれ、支配階層と被支配階層の間に絶対的な格差が生まれてきました。そして、古代国家ではその支配層の内部でも、聖徳太子の冠位十二階に見られるように、天皇の臣下としての序列が形成され、序列が固定化して格差が生まれてきたわけです。

臣下には、これまで見てきたように、いつの時代でも序列を大きく上下に分かつ格差がありました。朝廷で言えば、五位以上の殿上人と六位以下の地下、江戸幕府で言えば譜代大名や旗本と御目見得以下の御家人、諸藩で言えば上士と下士です。

これらの上下二層の臣下は、朝廷や幕府の官僚組織の中でさらに細かく序列化され、その上層の地位にある者の中でも、朝廷では公卿とそれ以外の貴族、江戸幕府では譜代大名と旗本の間に格差があります。

本書で主に解説してきたのは、そうした当時の社会の上層をなしていた官僚組織の序列ですが、こうした官僚組織を構成する階級の外、つまり社会の下層には、被支配階級である民衆の社会が広がっていました。官僚階級と民衆の間には、やはり大きな格差があったことは言うまでもありません。

しかし、じつは官僚階級の中でもその下層にあった朝廷の地下官人や江戸幕府の御家人、あるいは諸藩の下士は、実態としては民衆と同じ階層にあったと言えます。

結局、日本の歴史における大きな格差は、いつも官僚階級の中の上層と下層の間にあったと言うことができます。

そして、歴史的に見れば、大きな格差の最初の是正は、その官僚階級の下層にいた武士が、上層にいた公家社会に参入したことに始まりました。平清盛は、公家の序列の中に入り、軍事的な功績で太政大臣にまで昇り詰めます。これによって、公家と武士の身分序列の区別が緩和されます。そして、さらに源頼朝によって鎌倉幕府という武士を中心に据えた別の政治組織が作られます。

鎌倉幕府は、将軍と主従関係を結んだ御家人によって運営されましたが、その実権が執権の北条氏とその御内人に集中すると、御家人でも主流から外れた者たちの他、御家人と身分的な格差のあった非御家人の武士たちの間に不満がたまり、後醍醐天皇の呼びかけを契機に彼らが蜂起して、鎌倉幕府は倒れます。

こうして、今度は武士の中での身分的格差もかなり解消されました。

そして、室町幕府は将軍と守護の連合政権のようなもので、武士の間には「将軍－守護－守護代－国人」といった序列が新たに生まれましたが、間もなく下剋上の世の中になり、守護代や国人クラスの武士が、実力によって守護にとって代わるようになって、序列や格差をさらに解消していきます。

序列も格差もかなりの層が越えられるようになった流動的な戦国の世ですが、これが信長・秀吉・家康の三人による中央集権化への動きを経て社会が安定すると、家康が開いた江戸幕府では将軍を中心とする新たな序列化を進めていきました。

その序列は、本文で触れてきたように基本的には朝廷の官位制度を利用して秩序づけられましたが、それ以外にも将軍との血筋の親疎や由緒など、複雑で多重的な序列の基準がありました。

そうした江戸時代の中でも最も大きな格差は、やはり武士と百姓や町人などとの身分差だったでしょう。ただし、すでに書いてきたとおり、じつは本当の格差は、官僚階級の上層と下層にありました。

譜代大名と旗本を中心とした江戸幕府は、武士の序列体制のその内側、ただしそのもっとも外縁部から、つまり政権の中枢には入ることのない外様大名の、そのまた下級家臣たちによって倒されることになります。

つまり、明治維新の変革も、その当時の社会全体を上下二階層に分ければ、けっして下の階層にある民衆が上の階層を打倒したのではありません。そうではなく、上層の、つまり武士階層の中の底辺にあった者たちが、その格差を是正していく運動を行ったのです。

顧みると、序列全体を上下二階層に分かつ格差は、その当時の社会に生きている人々にとってはあまりに大きく、そもそも生まれながらに絶対的な壁として存在しています。したがって、民衆の間からそれを崩そう、越えよう、是正しようという意識は生まれなかったのです。

つまり、江戸時代の武士と百姓や町人の間にある大きな身分的格差は、その当時を生きていた人にとってはもはや人生の前提とでもいうべきもので、それを克服しようという意識は容易には生じません。江戸時代中期に儒学に独自の流派を開いた荻生徂徠は、身分的格差のもとでも、人がそれぞれに与えられた「職分《しょくぶん》」を果たす過程で自己の個性や能力を発揮することによって生きる意味を見いだすことができる、と考えました。

また、国学者の本居宣長は、人が与えられた社会的地位や役割に応じた義務を積極的に果たすことが、個人の人生を意味のあるものにすると説きました。

こうした考えは、現代を生きる私たちにとっては、序列の固定化を容認するものとして否定すべきものかもしれませんが、江戸時代において彼らの思想は、容易には崩せるはずのない身分制度のもとで、それでもいかに意味のある人生を送れるか、ということを追求している点で、積極的な意義を持つものでした。逆に言えば、江戸時代には、こうした思想を生む社会的な構造、その時代性があったということなのです。

明治維新の後、天皇は神格化され、華族制度も残りますが、士族と平民の区別は名称だけで、法的にはかなりフラットな社会となります。日本の近代は、ほとんど身分制を撤廃した社会になったのです。

華族や財閥一族と、それ以外の国民の間には大きな経済的格差が生まれましたが、それも太平洋戦争後にはなくなり、名目でしかなかった士族と平民などという格差さえなくなりました。

しかし終戦後、日本の産業構造も急速に変貌し、多くの日本人は官公庁の公務員や会社組織の中でサラリーマンとなり、それぞれの組織の序列の中に位置づけられました。誰もが平等とされる世の中で、その人の能力に応じて序列を上へと昇る流動性も確保されました。こうした状況を表す言葉が「一億総中流社会」だったのだろうと思います。現実に、経済成長に伴って多くの組織が規模を拡大することで、その内部にいる人々のほとんどが年功により序列を上昇させることができたのです。

しかし、こうした社会では、逆に日本人のほとんどが同じような尺度で序列化されていくことになり、それがある種の閉塞感を次第に育てていたことも否定できません。そして、これが不況の長期化によって組織自体が収縮する中で、一気に噴き出してきたのではないでしょうか。

それは端的に言えば、序列の底辺に一度位置づけられてしまうと、一生這い上がれなくなるというようなある種の恐怖感、あるいは自分の子や孫に至るまで社会の底辺であえぐことになるのではないか、さらには結婚して子を持つこともできないのではないか、といった不安です。

ＧＨＱによる占領が終わるころまでには、過去の日本社会にあった絶対的な格差、制度的格差と言えるほどのものはほとんど解消され、私たちは現在まで七十年ほど安定した社会を維持しています。

　ということは、私も含めて現在の現役世代には、格差と言えるほどのものを過去に経験した人はいないということです。それだけに、新しく形成されつつある経済的な序列が、多くの人々を不安にさせ、そこに新たな格差までがもたらされるのではないかとストレスを生んでいるのでしょう。

　たしかに、絶対的な格差がほとんど解消された現代日本でも、今ある経済的・社会的な序列の中に新たな壁が生まれ、「格差」へ成長していく可能性は十分にあります。とくに、戦後の日本がずっと手本にしてきたアメリカ社会が、グローバル化が進む現在の世界情勢の中にあって、あきらかに格差社会への形相をあらわしてきているように、日本の歴史の流れも新しい格差社会へ向かいつつあると見ることもできます。

　私たちは、今こそ格差のメカニズムを歴史に学び、現状を捉え、これを阻止する方法を真剣に考えなければならないところへ来ているようです。

平成二十八年四月

山本博文

山本博文　1957（昭和32）年岡山県生まれ。東京大学文学部国史学科卒。同大学院人文科学研究科を経て、現在、同大学史料編纂所教授。日本近世史専攻。著書に『江戸お留守居役の日記』『歴史をつかむ技法』などがある。

Ⓢ新潮新書

670

格差《かくさ》と序列《じょれつ》の日本史《にほんし》

著者　山本博文《やまもとひろふみ》

2016年5月20日　発行

発行者　佐藤隆信

発行所　株式会社新潮社

〒162-8711　東京都新宿区矢来町71番地
編集部(03)3266-5430　読者係(03)3266-5111
http://www.shinchosha.co.jp

印刷所　錦明印刷株式会社

製本所　錦明印刷株式会社

ISBN978-4-10-610670-5　C0221

価格はカバーに表示してあります。